WASSERSAGEN AUS BAYERN

KARL-HEINZ HUMMEL ist Autor mehrerer Bücher und schreibt seit Jahrzehnten Lied- und Kabaretttexte (für *Kabarest* und Simone Solga) sowie Libretti (Opernfassung *Der Brandner Kaspar* und *Der Kaiser im Rottal*). 2018 wurde er mit dem Ernst-Hoferichter-Preis ausgezeichnet. Zuletzt erschienen von Karl-Heinz Hummel im Allitera Verlag *Obacht Weihnacht!* (2018) und in der Reihe *Sagenumwobenes Bayern* die Bände *Raunachtssagen aus Bayern und Tirol*, *Wassersagen aus Bayern* und *Wirtshaussagen zwischen Alpen und Donau* (2019).

BERND WIEDEMANN illustriert als freiberuflicher Grafiker ausdrucksstark und dynamisch. Der studierte Diplomkommunikationsdesigner ist Dozent für Illustration an diversen Instituten, Vorsitzender des Kunstvereins Gauting e. V. und Günther-Klinge-Preisträger.

KARL-HEINZ HUMMEL

WASSERSAGEN
AUS BAYERN

Mit Illustrationen von Bernd Wiedemann

Allitera Verlag

Informationen über den Verlag und sein Programm unter:
www. allitera.de

Band 2 der Buchreihe

Allitera Verlag
Ein Verlag der Buch&media GmbH, München

Illustration: Bernd Wiedemann
Umschlaggestaltung: Franziska Gumpp
Satz & Layout: Johanna Conrad
Gesetzt aus der Adobe Caslon Pro und der Dax
ISBN: 978-3-96233-137-5
Printed in Europe

Allitera Verlag
Merianstraße 24 · 80637 München
info@allitera.de · www.allitera.de

INHALT

SEEN & UNGEHEUER IN BAYERN

WASSERSAGEN UND BAYERISCHE SEEUNGEHEUER – da ist dem Herrn Verleger ja ein originelles Thema eingefallen! Freilich, ein Buch muss sich mit seiner Idee aus dem Meer der Neuerscheinungen hervorheben. Aber bayerische Seeungeheuer? Passt das überhaupt zusammen?

Im Wasser lebende Ungeheuer sind doch von alten Seekarten der großen Weltmeere her bekannt: riesige Kraken, die mit ihren Saugnäpfen mächtige Walfangschiffe festhalten und diese mit Mann und Maus in die Tiefe ziehen. Giftspeiende Seeschlangen, die aus dem Ozean auftauchen und selbst die verwegensten Seeleute in Angst und Schrecken versetzen. Riesenhaie, die hölzerne Boote samt ihrer Ruderbesatzung zwischen messerscharfen Kiefern zermalmen oder gigantische Teufelsrochen, die Segelschiffe an ihren Ankerketten hinter sich durchs Meer ziehen, auf verdeckte, gefährliche Riffe zu. In den gewaltigen Tiefen der Meere existieren wohl alle möglichen Ungeheuer, welche die Fantasie der Seemänner und Schiffsleute inspiriert haben, aber hier in unseren lieblich daliegenden bayerischen Seen?

Diese malerisch vor die Alpen hindrapierte Wasserlandschaft, ein Diadem mit Juwelen aus Seen, Weihern und Lacken, wie sie uns die letzte große Eiszeit als Erinnerung an ihre gewaltige Formkraft hinterlassen hat. Entsprungen aus Quellen im Gebirge, gespeist von geschwätzigen Bergbächen. Selbstbewusst entwässert von mäandernden Flüssen und betonierten Kanälen. Bayerische Seen, gebettet in hügelige Endmoränen, bekränzt von Schilfgürteln, Weiden, Sandbuchten und Kiesecken. Orte von harmloser Friedfertigkeit – aber doch nicht Versteck von bösen, gewaltigen, Angst einjagenden Untieren!

Mein Verleger sieht den Titel schon vor sich, aber schreiben muss das Buch davor sein Schreibersknecht.[1]

Schreiben ist eine hirnmarternde Qual, besonders wenn das imaginäre Werk noch als Gebinde unbeschriebener Seiten mahnend vor dem inneren Auge schwebt und Manuskriptabgabe, die Illustrationsvorlage für den Grafiker und Drucktermin als graue Eminenzen mahnend am Zeithorizont stehen.

Aber immer noch herrscht gähnende Leere im Kopf, Ebbe im Hirn, keine Idee keimt in den assoziativen Bereichen auf, es ist der berüchtigte »horror vacui«, die Angst vor dem leeren, weißen Blatt Papier.

Das Sinnvollste in solchen Schaffenskrisen ist es, seinen Körper durchzulüften, das Hirn durchwehen zu lassen, die Beine bewegen, bis Körper und Geist in einen meditativen Zustand übergehen, das vertreibt den Groll und die Selbstzweifel: hinauf aufs Radl und hinaus aus der Stadt!

VIA BAVARICA TIROLENSIS oder WASSERWEG – kaum gelangt man südöstlich an den Münchner Stadtrand, locken einen diese Schilder gen Süden, auf die Berge zu, dem Wasser entgegen. Nach der Ödnis des geradlinigen Perlacher Forstes beginnen die Wege sich zu verzweigen, sich zwischen die Hügel, Weiden, Felder, sauren Wiesen der Voralpenlandschaft einzufügen. Gefälle und Steigungen bringen Abwechslung in den Tretrhythmus, Gehölze und Bachauen wechseln sich ab, langsam verfalle ich in die meditative Radlfahrertrance.

Die Schlafstädte mit ihren Gewerbegebieten und Reihenhäusern

[1] Du, du, dalkerter Schreibersbua,
I, i, wer dirs austreibn:
I, i, sauf dir dei Tintn aus,
Dass du nimmer kannst schreibn!
Altbayerische Volksweise.

liegen hinter mir, die tannendunkle Hügellandschaft der Vorberge rückt langsam näher. Unter den Reifen knirscht öfter der Kies, im Gehör hat sich ein Ohrwurm eingenistet. Zwischen den Einschnitten der Täler, zwischen Wall- und Hirschberg grüßen die kariösen Kalkformationen der verwitterten Karwendelriesen. Der Duft von unbändiger Freiheit weht von ihnen her: servus beinand!

»Gmund« steht auf einem Schild, Gmund liegt am Nordende vom Tegernsee, wo die Mangfall aus dem See fließt, wo seit Jahrhunderten Papier geschöpft wird. Wasser und Holzbrei, früher an der Luft zu einzelnen Bögen getrocknet, heute als faseriges Vlies auf langen Maschinenbahnen entwässert, getrocknet, geschnitten. Wasser und Papier, Papier braucht es zum Schreiben, trotz digitaler Hilfsmittel.

Aus irgendeinem Grund hat mich mein Vorderrad zum Tegernsee gezogen. Warum?

Jetzt fällt mir eine Sage ein, die etwas mit Seeungeheuern zu tun hat. Im Bräuhaus dort sind wir oft gelandet, auf dem Heimweg vom Gebirge, nach Hüttenaufenthalten in den Raunächten. Vom Tegernsee ist mir eine Geschichte, ein Fragment in Erinnerung geblieben, die hier erzählt wurde. Friedrich Panzer, beamteter Architekt und bayerischer Sagensammler, hat sie um 1850 in seiner Sammlung *Bayerische Sagen und Bräuche* veröffentlicht:

> »Auf dem See schwimmt nachts eine Jungfrau,
> das Rockadirl genannt.«

Dieses eigenartige Wesen Rockadirl hat meine Fantasie beflügelt, eine Jungfrau, nachts im See schwimmend, womöglich noch nackert, ist jedoch kein Ungeheuer im engeren Sinne. Eher eine kleine Verheißung.

Am behäbig daliegenden Bräuhaus, durch sein ockergelb und

weiß gefärbtes Mauerwerk als wittelsbacherische Dependance erkennbar, stelle ich mein Radl ab, strecke mich, atme durch. Eine Brotzeit ist fällig und ein hier gebrautes Bier.

Mein Blick schweift hinaus über das silberne Gesprenkel, das Wind und Licht aufs Wasser zaubern, hinüber nach Bad Wiessee. Das Seeufer ist weitgehend zugestellt: Rehakliniken, Hotels und Pensionen drängen sich zum Ufer hin. Das Spielcasino lockt mit schnellem Gewinn. Wer dort sein Geld verloren hat, kann nach dem Spiel zur inneren Läuterung den »Jedermann« in einer Freiluftaufführung anschauen. Sünde und Ablass liegen in diesem Landstrich immer noch eng beieinander.

Über dem See buckeln sich die Kuhweiden zu den Erhebungen der Alpenausläufer hinauf, wiederkäuende Kühe liegen wie Streusel auf den kurzgefressenen Wiesen herum, ein landwirtschaftliches Gefährt, das an einen Heuschreck auf Monsterreifen erinnert, wickelt das gemähte Gras zu Rundsilageballen und verteilt diese Plastikcocons über die lieblichen Nutzflächen. Bewaldete Flanken ziehen sich aufwärts, bis die Seekarspitze den Weg hinüber ins Isartal weist.

Ich zahle, verlasse meinen Logenplatz im Biergarten, hole mir noch ein paar Flaschen des wohlschmeckenden Sudes aus dem Laden, verstaue sie in der Packtasche und radle weiter.

> »Auf dem See schwimmt nachts eine Jungfrau,
> das Rockadirl genannt.«

Der Radweg führt durch den Ort weiter nach Süden. In Rottach zeigt der Tegernsee seine »allervornehmste« Seite: Ein Luxushotel erhebt sich überproportioniert neben der Bucht, langsam rollt ein Oldtimercabrio mit einem älteren, gepflegten Ehepaar in Landhausmode gewandet, vorbei. Zwei mit Burkas behangene Araberinnen haben ihre etwa zehnjährige Tochter in die Mitte genommen. Sie ist gerade mit einem schönen Dirndlkleid ausgestattet worden, mit Schuhen und modischem Trachtenhut, und sie probiert Schritt für Schritt aus, wie sich diese ungewohnte Bekleidung anfühlt. Alles strahlt hier behäbig satten Wohlstand aus, Fremdenverkehr de luxe. Ich radle weiter.

Am Westufer des Sees, Abwinkel genannt, bin ich gelandet. Hier mündet der Söllbach. Vom Hirschberg fließt er herunter und über Stufen durch das Söllbachtal hinab in den See. Hier findet sich ein von Weiden geschütztes Platzerl, versteckt neben dem gepflegten Uferweg. Mein Blick schweift hinüber zu Baumgartenschneid, Stümpfling und Wallberg. Hinter mir stehen die Bauten der Gesundheitsindustrie, in denen morsche Gelenke und implantierte Ersatzteile wieder zum Laufen gebracht werden.

Lange Zeit war das Tegernseer Tal ein eher bescheidener, ruhiger Fleck. Das war wohl dem Prinzen Carl von Bayern zu verdanken. Nach dem Krieg gegen die Preußen 1866 wurde er heftig kritisiert und zog sich verbittert an den Tegernsee zurück. Jahrelang hat er den Eisenbahnanschluss verhindert, weil er um seine geliebte Ruhe fürchtete. Zustände wie drüben am Starnberger See, hervorgerufen durch Horden von Sommerfrischlern, Städtern und Künstlern, die seit 1854 mit der Eisenbahn einfielen, waren ihm ein Gräuel. Jahrelang schmetterte er alle Petitionen der Tegernsee-Gemeinden für einen Eisenbahnbau ab. 80-jährig kam er am 16. August 1875 bei einem Reitunfall ums Leben. Sein Nachfolger Herzog Carl-Theodor setzte sich umgehend für den Eisenbahnbau ein, und so fuhr 1883 der erste Zug in den Bahnhof von Gmund ein; »und aus war es mit der Ruhe – dasselbe gilt für'n Ammersee!«[2]

[2] Karl Valentin (angeblich laut unbekannter Quelle): *Still ruht der See*. Parodie.

»Auf dem See schwimmt nachts eine Jungfrau,
das Rockadirl genannt.«

Hier, am Abwinkel kürzt noch heute eine Fähre den Weg hinüber nach Tegernsee ab. Und diese Fähre spielt eine Rolle bei dieser weitergesponnenen Geschichte um das Rockadirl, wie sie hier erzählt wird.

DAS ROCKADIRL VOM TEGERNSEE

on hier aus fuhr einmal der Wast, Fährmann am Tegernsee, bei einem richtigen Sauwetter hinüber, weil er das »Holüber« vom anderen Ufer gehört hatte. Es war wohl ein Lichtzeichen, kein Ruf, dafür sind die Ufer zu weit voneinander entfernt. Seine Spezln aber warnten ihn: »Spinnst du, die Wetterhex ist außer Rand und Band, heut ist der See viel zu gefährlich für eine Überfahrt!«

Aber der Wast ließ sich davon nicht abhalten. Fährmannsehre: raus auf den See, das ganze Gewicht in die Ruder gelegt, mit Mut und Geschicklichkeit das Boot in die Wellen getrieben, und mit starkem Ruderzug hinüber auf die Tegernseer Seite. Auf der anderen Seite stand eine alte Frau. In ihrem zugezogenen Lodengwand erkannte sie der Wast aber nicht: Es war nämlich die Wallberghex, die sich vom Wast hat holen lassen.

Der Wast war verwundert: eine alte Frau und keine Angst vor dem Sturmwetter. Angst? Von wegen: Sobald das Boot wieder seinen Tanz auf den Wellen begonnen hatte, schrie sie und juchzte wie die jungen Madeln auf der Kirchweihhutschn. Auf der Rückfahrt – mitten durch Gischt und Wellen – erzählte die Hex ihm vom Rockadirl. Was heißt erzählte; gegen den Wind schrie sie die Geschichte an:

»Sie war a arms Madl, ledige Tochter einer Zugwanderten. Am End is sie ins Kloster gsteckt worn, weil sie net herpasst hod und si a net hat unterordnen wolln. Irgendwas war unheimlich am Rockadirl, schon ihr Lacha und des Stolze, Rebellische im Blick, was auch scho amoi gega den ›rechten Glauben‹ ganga is. Aufmüpfige Liader hod sie gwusst und sogar gsunga, wenn die junga Leut beinand ghockt san. Manche Burschn warn recht narrisch auf sie, ganz varuckt, aber as Rockadirl hat koan hilassen. Eines Tags is dann oana vo de Burschn im See untergangа, doch da hat sie nix dafür kenna.

›So was‹ hod ma damois hinter Klostermauern eigsperrt, scho zu ihram eignen Schutz, weil überoi im Land ham dortmals die Scheiterhaufn brennt. Angeblich is sie sogar von am herzoglichn Reiter herbracht worn. Doch wia ma dem Rockadirl im Kloster ihre langa, feierroten Haar hod obschneidn wolln, da hod sie si losgerissen, is auf und davogrennt, zur Pfortn naus, zum Ufer hi und ohne Umschaun nei in See. Seither hockt sie da druntn, spinnt Flachs und wart auf an Burschn, der die Schneid hod und sie erlöst! Sein Schadn sollts net sei, a Belohnung tat's scho gebn.«

»I kannt schon a bisserl a Geld braucha«, rief der Wast zurück. »Ois Fährmo werd ma net reich. Heiratn wui i, aber mit da Mariedl kimm i net zamm. Da Vata stellt si dagegn, am Hungerleider wia mir wui er die Hand vo seina Tochter net gebn. Er möcht a anständigs Heiratsgeid seng.«

»Ja, wia beim Viechmarkt geht's zua bei da Heirat.«

Die Wallberghex verwandelte sich vor den Augen des Wast von einem alten Weib in eine anmutige Seejungfrau. »I konn di scho nunterführn zum Rockadirl. Dann konnst deim Brautvata mit deim Lohn seine scheinheilign Augn zum Leuchtn bringa!«

Wasser und Gischt schlugen an das Fährboot, wahrlich kein Wetter, bei dem der See einen zu einem Bad einlädt. Aber wenn er durch seinen Mut die Mariedl kriegen könnt, würde sich der Einsatz lohnen!

»Nimm a Ruader mit, du werst as braucha kenna!«, riet die Hexe noch.

Der Wast dachte nicht mehr lange nach, Hut und Lodenumhang flogen ins Heck, die schweren Fährmannstiefel hinterher. Schon lag die Hexe in den Wellen. Wast warf das Ruder voran ins Wasser und sprang selbst über die Bootswand, ihr nach.

Verhext: Dem Wast ging die Luft unter Wasser nicht aus, er sank langsam hinab zum Grund. Vom Sturm war nichts mehr zu spüren. Drunten angekommen gingen beide los, auf einen goldenen Lichtschein zu. Doch die Ruhe war trügerisch.

Plötzlich fuhr aus einer Höhle ein Lindwurm auf ihn los, Gift und Feuer spritzend. Wast packte sein Ruder, schlug wie von Sinnen zu, zog es dem Ungeheuer zack-zack-zack über alle drei Köpfe. Überrascht stellte das Untier den Angriff ein und zog sich wieder zurück in seine Höhle.

Kaum waren beide ein Stück weitergegangen, rankte sich eine Schlingpflanze um sein Bein. Wie spielerisch war es am Anfang, doch Wast spürte, wie sie sich fester und fester zuzog. Über Bein und Arme rankte sie sich bereits hinauf und eine Sprosse umwand schon seinen Hals. Die Kreatur spielte nicht nur, sie drückte zu, immer fester! War das eine Pflanze oder eine Schlange? Bevor es ihm die Luft abschnürte, gelang es dem Wast, sein Fischermesser in die Hand zu bekommen, und mit einem Schnitt vom Hals bis zu den Zehen befreite er sich aus der tödlichen Umklammerung.

Da schoss ein gewaltiger Raubfisch auf ihn zu, riss sein mit Zähnen gespicktes Maul auf und drohte, ihn zu verschlingen. Wast packte wieder sein Ruder, und mit einer geschickten Drehung stemmte er es hochkant in das Maul des Fisches. Der war überrascht, dass er den todbringenden Biss nicht mehr ansetzen konnte. So sehr der Riesenfisch auch den Seegrund mit wütenden Flossenschlägen aufwühlte, seinen Angriff auf den mutigen Fährmann konnte er nicht fortführen. Jetzt waren alle Prüfungen bestanden, und der Wast erreichte mit der Wallberghex eine leuchtende Grotte. Da drinnen saß, mit feuerrotem Haar und grünen Augen, schön und gefährlich: das Rockadirl!

»Du gfallst mir, mutiger Fährmann!«, sagte sie und schaute ihn mit einem tiefen Blick aus moosgrünen Augen an. Doch der Wast ließ sich nicht durcheinanderbringen, dachte nur an seine Mariedl und stellt sich ihre treuen Augen vor.

»Mit der Wallberghex war's ausgmacht: Meinen Lohn möcht ich habn! Heiratn will ich mit dem Geld!«

Seufzend griff das Rockadirl hinter sich und holte ein Säcklein mit Goldstücken hervor.

»Ich danke dir, Fährbursch! Jetzt bin i frei, net ois Mensch, sondern als Zwischenwesen, das alles weiß und alles kennt«, sagte sie und gab dem Wast seinen Lohn. Sie ließ ihr Spinnrad los, drehte sich um und schwamm aus ihrem Gefängnis davon.

Weil er drei Gefahren und einer Versuchung widerstanden hatte, befand sich der Wast einen Wimpernschlag später wieder in seinem Boot. Mit dem Ersatzruder trieb er den Kahn zurück zum Abwinkel. Mit den gewonnenen Goldstücken konnte er seinen widerständigen Schwiegervater für sich gewinnen. Er baute sich und der Mariedl ein Haus am See, sogar mit Fischräucherei und Wirtsstube. Sie feierten Hochzeit und ihre Ehe war mit einer ganzen Reihe Kinder gesegnet. Und wenn das Mariedl einmal nachfragte, woher damals der plötzliche Reichtum nach der stürmischen Überfahrt herstammte, dann schwieg der Wast, dachte ein ganz kleines bisserl an das rothaarige Rockadirl, schlug sich den Gedanken aber gleich wieder aus dem Kopf.

Das Rockadirl aber ist seitdem frei und was es so treibt, das weiß keiner so genau, weder am Tegernsee noch sonst wo an einem Gewässer.

So ungefähr war das mit der Geschichte vom Rockadirl im Tegernsee, jeder erzählt sie wohl etwas anders. Aber so ist das mit solchen Erzählungen, sie wandern wie die Kiesel im Bach, von Mund zu Mund, von Ort zu Ort und von Zeit zu Zeit.

WEG UND STEG

Ich schiebe mein Rad weiter am Ufer entlang, der Weg wird schmaler, ein kleiner Pfad nur noch, der sich am Schilf vorbei windet. Ein verwunschener, einsamer Ort, so was findet man nicht alle Tage! Der Wind streicht übers Schilf, greift in die Halme und lässt diese erklingen wie eine beruhigend rauschende Harfe, wie tausend wispernde Stimmen.

Mitten im Riedgedränge zweigt unvermittelt ein Steg ab, der mir bisher nie aufgefallen war. Ein von Föhnstürmen zerrüttetes Schild steht an seinem Anfangspunkt. Die verwitterte Schrift lässt sich mit etwas Fantasie als »Zugang auf eigene Gefahr! Warnung vor Lind- und Tatzelwürmern« entziffern, was immer das auch bedeuten mag. Den Eingang markiert eine aus einem hölzernen Übertritt bestehende Absperrung. Der schon fast mit dem Schilfgrund eins gewordene Holzweg lässt seinen Verlauf nur erahnen, irgendwie muss er wohl zum Wasser führen.

Ein Blick nach links und rechts – niemand zu sehen, der meinem verbotenen Eindringen in dieses mysteriöse Privateigentum Beachtung schenken würde – ein Schritt über ein Stengrintei[3], so nennt man auf den Bergwegen die Zaunübergänge, und schon schleiche ich hinaus auf das verbotene Terrain.

Das Schilf neben dem Steg steht mannshoch. Unvermittelt wallt eine kleine Nebelbank auf. Eine Nebelbank an einem Augustabend? Ich taste mich behutsam weiter.

Die meisten Bohlen des Stegs sind schon zerfasert und verrottet, gerade jede vierte, fünfte vermag dem Fuß noch Halt zu geben. Das Rad trage ich auf der Schulter, balanciere über

[3] Vgl. *Stengrintei-Jodler*, gelegentlich vom Autor selbst auf ausgewiesenen alpinen Echoplätzen gesungen.

das morsche Gebälk, taste mich durch die undurchdringliche Wolkenwand.

Zum Glück – der Nebel lichtet sich, der Steg endet an zwei massiven Rundhölzern, die in den Seegrund getrieben worden sind. Die Pfosten sind kunstvoll geschnitzt, der linke stellt einen Drachenschädel dar, der rechte einen breit gedrungenen Fischkopf, mit Barten und Zähnen. Daneben steckt ein leckgeschlagener Einbaum im moorigen Seeboden fest.

Obwohl der Steg schon lange nicht mehr in Gebrauch zu sein scheint, liegt ein Kleiderhäuflein darauf, wie von einem Badegast hier zurückgelassen. Ich schaue mich um, aber der Besitzer ist auf der Seefläche nicht zu sehen. Ich beuge mich hinunter, es handelt sich um die Kleider einer Frau, naturfarben und aus Leinen gewebt, an einigen Stellen ausgebessert, schon lange getragen.

Wer trägt solche Kleider? Wo liegt diese unbekannte Bucht? Neben den Steg hat ein Bergbach eine Kiesbank angeschwemmt, Treibholz liegt darauf. Ich steige hinunter, endlich kann ich das Radl hier abstellen und mich noch einmal orientieren: Nebel, unbekannte Bucht und Bach, gegenüber eine Aussicht auf den Ort, irgendwie verändert wie vor vielen, vielen Jahren.

21 UHR: SCHWIMMERIN IM SONNENUNTERGANG

So über den See blickend und nachsinnend werde ich einer Erscheinung gewahr, eines späten Schwimmers, der sich mit kräftigen Zügen dem Ufer nähert. ›Sportlich, sportlich‹, denke ich mir, aber es ist doch kein Schwimmer, es ist eine Schwimmerin, sie dreht sich auf den Rücken, das Seewasser umströmt zwei wohlgeformte Brüste. Sie war es wohl, die von diesem geheimnisvollen Steg aus ins Wasser hineingestiegen ist.

Hinter der Schwimmerin hat sich eine Schaumspur auf die Wasserfläche gelegt. Die Frau hat jetzt wieder Boden unter den Füßen, steigt langsam aus dem Wasser. Ich schaue so diskret weg, dass kein schlechter Eindruck entsteht, und doch so genau hin, dass mir auf keinen Fall etwas entgeht.

Sie lächelt mich ein wenig spöttisch an, zeigt sich ganz ungeniert, wendet mir dann den Rücken zu und setzt sich auf die Stufe am Steg. Sie verhält sich ganz natürlich, zeigt keinerlei Scheu vor mir. Entspannt dreht sie ihre langen Haare zu einem Strang, zupft ein paar Muschelschalen aus dem Zopf, entfernt vorsichtig eine Seerose und legt sie neben sich. Dann drückt sie das Seewasser aus dem Haar. Mit einer kräftigen Kopfbewegung schüttelt sie die Locken aus, zieht das kieselfleckige leinene Kleid über den Kopf und dreht sich zu mir herum:

»Fallt dir nix ein, Schreiberling? Ist das Hirnschmalz verschwunden? Kommst net weiter?«

Jetzt hat sie mich aber erwischt! Sie kennt den Grund meiner Anwesenheit! Sie weiß, was mich umtreibt! Ihre Stimme klingt herb, rauchig, aber durchaus ansprechend.

»Woher weißt du dass ich ...?«
Ein raues, tiefes, aber anregendes Lachen antwortet mir.

»Was ma woaß, des woaß ma hoit. Zumindest i woaß so einiges! Vielleicht is a was drunter, was dir in deina Verlegenheit helfa kannt!«

Wer ist diese abendliche Erscheinung? Ist diese inspirierende Gestalt überhaupt von dieser Welt?

»Wo bist du her? Dieser Steg? Der Nebel?«, stammele ich.

»Des is doch net so wichtig, wo i her bin! Aber du wuist was erfahren, was koaner so genau woaß. I konn dir scho was verzähln. Aber net umsonst.«

»Nicht umsonst? Was wäre die Gegenleistung?«

»Wirst scho seng! Du muaßt mir halt auch einen Gefallen tun. Damit die Wahrheit ans Licht kommt! Endlich! Und jeder sei Ruah findt!«

Meine Neugierde ist entfacht. »Das lässt sich schon machen. Zum Trinken ist auch was da, aber wer bist du?«

»Auf dem See schwimmt ...«

»... nachts eine Jungfrau, das Rockadirl genannt.«

»Gscheid bist!«

Sie streichelt mir sanft über das Haar, wie beiläufig, mich durchfährt ein wohliger Schauer.

»Rockadirl – genau des is mei Nam! So hoaß i und net anders, aber vielleicht bin i doch ganz anders als des, was von mir vazählt wird.«

Unvermittelt geht das Wesen ins Schilf und kommt mit einem zusammengerollten Gegenstand zurück. Sie öffnet einen seltsam geformten Knoten und breitet das Fundstück vor mir aus. Eine Art Pergament ist es, aber aus einer Fischhaut gegerbt. Ich nehme eine absonderliche Darstellung, eine Art Landkarte mit vielen Seen und Gewässern in Augenschein, Dämonen, Fabelwesen und Drachen sind eingezeichnet wie auf dem Steinportal eines mittelalterlichen Domes.

»Bayerische Seeungeheuer, da san alle drauf, und i konn dir was berichtn da drüber. Hab ja sonst nix vor heut ...«

Und während sich die Nacht über den See senkt, fängt sie an zu erzählen, mit ihrer heiseren, tiefen und warmtönenden Stimme.

DER WALLER VOM WALCHENSEE

etzt pass auf!«, sagt das Rockadirl. »Wenn ma von do, wo mir san, durch die Luft Richtung Zugspitz fliagt, dann liegt er tiaf druntn, schimmert smaragdgrün, eizwängt zwischen Herzogstand, Jochberg und Simetsberg: der Walchensee.«

»Einer der größten Seen der nördlichen Alpen, seine Tiefe beträgt 190 Meter«, ergänze ich.

»Ha! Du Gscheidhaferl! Hast ja keine Ahnung! Des langt nie!«, lacht das Rockadirl. »Weil – da Walchensee ist noch vui tiafer, wia du denkst.«

»Der Name Walchensee ist von den Walchen abgeleitet«, steuere ich, zugegebenermaßen wieder etwas dozierend, bei. »Die Walchen, das waren die Fremden, die ›Welschen‹, wie die Italiener früher genannt wurden.«

»Viele fesche dunkle Burschen warns, die hin- und hergwandert san, auf da Suche nach Arbat, manche mit einer Kraxen voll mit feine Seidentüacherl! So was feins hat's bei uns damals net gebn. Die Tüacherl hat mancher seinem Schatz vui liaber geschenkt wia des kratzige Leinenzeig, was ma hier auf dem Markt verkauft hat.«

»Der See auf dem Weg nach Italien, so steht's auf alten Landkarten. Früher sind ja die Postkutschen über Mittenwald und Innsbruck in das ›Land, wo die Citronen blühen‹ gefahren.«[4]

[4] Johann Wolfgang von Goethe: *Kennst du das Land, wo die Citronen blühn*. Goethe fuhr auf seiner italienischen Reise auch den Kesselberg hinauf und am Walchensee vorbei. In seiner Kutsche nahm er eine junge Harfenspielerin samt ihrem Instrument mit. Der Geheimrat und seine »Anhalterin« unterhielten sich prächtig. Sie erklärte ihm, man könne anhand der Verstimmung der Harfensaiten das Wetter vorhersagen, und versprach besseres Wetter für den nächsten Tag, was auch eintrat.

»Und später warn dann die ›gspinnerten Maler‹ da, mit ihre rotn Pferdl und blauen Reitern, weil das Licht da droben am See is scho das Licht des Südens. Der See liegt aufm Weg in die Fremde und zu manchem Fremdartigen steht der See in einer unergründlichen Beziehung.«

Bedeutungsvoll öffnet sie ihre moosgrünen Augen weit und schenkt mir einen Blick von solcher Tiefe, dass ich schon meine, in diese Augen hineintauchen zu können wie in den Walchensee.

»Stell dir vor, tiaf drunten im Walchensee lebt ein großmächtiger Waller. Seine Augn san so rund wia Wagnradl, von seim breiten Kopf bis zur Schwanzflossn misst er so vui Schritt, dass er fast den ganzen See ausspannt. Was hoaßt ausspannt: Er hat gar koan Platz am Grund vom See. Deswegn muaß er sich da drunten eindrehn. Wia ein riesiger Ring liegt er auf dem Boden und sein Schwoaf hoit er mit seim eigenen Maul fest.«

DER MUTIGE SCHULLEHRER VON URFELD AM WALCHENSEE

s ist wohl zwei- oder dreihundert Jahre her, da wollte der Schullehrer von Urfeld die Tiefe des Walchensees messen und herausfinden, wie es da drunten aussieht. Vom Gerber holte er sich hierfür eine ganze Ochsenhaut und vom Schuster ließ er diese zu einem Ballon zusammennähen. Von einem Korbflechter ließ er sich biegsame Fichtenspangen zuschneiden. Diese verband er im Inneren seiner Anfertigung, bis diese dastand wie eine mannshohe Kegelkugel.

Beim Glaser besorgte er sich ein kleines Guckfenster, kaum größer als seine Brillengläser, und ließ es in die Rindshaut einfügen. Als alles zu seiner Zufriedenheit zusammengestellt war, dichtete er eigenhändig mit schwarzem Schusterpech alle Nähte ab. Nur ein Loch zum Ein-und Aussteigen ließ er offen, das sich aber mit einem hölzernen Deckel und Werg wasserdicht verschließen ließ. Ganz Urfeld schaute kopfschüttelnd zu und langte sich ans Hirn. Fast das ganze Dorf schämte sich dafür, dass sie einen so depperten Schullehrer hatten.

Außen an seine verwegene Konstruktion hängte er ein paar schwere Felssteine, damit deren Gewicht die lederne Luftblase unter Wasser und in die Tiefe ziehe. Aus seinem Ledersack heraus führte ein Seil nach oben, daneben ein dünner Strick, der mit einer Glocke im Kahn vom Fischer verbunden war. Der Fischer war als einziger im Dorf auf der Seite von dem gspinnerten Schullehrer, beide waren gleich neugierig, voller Forscherdrang und passten gut zusammen.

So stieg der Schullehrer am Fronleichnamstag in die Ochsenhaut ein, der Schuster legte den Deckel darüber und dichtete alles sorgsam ab. Und als der Pfarrer auf der Kanzel laut wetterte, dass der Mensch nicht alles wissen muss, was in der Tiefe verborgen liegt, da waren der Fischer und sein Sohn mit dem wissbegierigen Schullehrer schon draußen auf dem See.

Mit einem Flaschenzug hoben sie das seltsame Unterwasserschiff an und ließen es anschließend mit dem unerschrockenen Forscher in die Tiefe hinunter: Meter für Meter in eine gefährliche Dunkelheit.

Unten am Grund angekommen, gefror dem Schullehrer das Blut in den Adern: Als er das beschlagene Guckfenster mit seinem Sacktuch sauber wischte, sah er, wie ein fürchterlicher Riesenfisch seinen Rachen gegen ihn aufsperrte. Dieser war so groß und weit, dass er das lederne Tauchfahrzeug auf einen Satz hätte verschlingen können. Der Lehrer kam sich vor wie ein Köder an der Leine. Wenn ihn der Fisch fressen würde, dann säße er im Fischmagen drin wie einst Jonas im Bauch des Wals. Mit Glück würde der Fischer das Ungeheuer zusammen mit ihm, dem armen Schullehrer, darin noch hochziehen, aber der Kampf wäre niemals zu gewinnen: Der Riesenwaller würde den Fischer und dessen Sohn mitsamt dem Boot in seinen Leib hinunterwürgen.

Vor Angst war dem Lehrer die Hand wie gefroren, er konnte sie aus eigenem Antrieb nicht mehr bewegen. Oben auf dem Fischerboot, das in der lieblichen Frühsommerwärme auf dem See schaukelte, ahnte man nichts von der drohenden Gefahr. Mit letzter Kraft und unter größter Anstrengung nahm der Tiefseeforscher den Strick zwischen die Zähne und gab so das Glockenzeichen, damit man ihn sofort wieder heraufziehe. Es war eine Rettung in letzter Sekunde: Kurz bevor der Waller zuschnappen konnte, hob sich die Taucherglocke ein Stück und der Wallerkiefer verfehlte das Tauchschiff um Haaresbreite. Sein Schreckensmaul verbiss sich in einen Felsen am Seegrund, der knirschend zu Kieselgestein zerbröselte. Bis hinüber nach Benediktbeuern konnte man das Mahlgeräusch hören!

Als der zitternde Schulmann zurück ans Tageslicht gekommen und der Ochsenhaut entstiegen war, hatte seine Haut das gleiche Grau wie der Fels am Herzogstand angenommen und seine Haare standen hoch wie das Schilf am Ufer. Doch aus der Tiefe des Sees konnte man eine Stimme vernehmen, dumpf hallend und drohend: »Gründst du mich, so schlünd ich dich!«

Nur schemenhaft hatte der mutige Schullehrer im Dunkeln hinter dem Waller einen bodenlosen Abgrund erkannt, der in weitere unermessliche Tiefen führte. Obwohl er mit seinem Experiment den letzten Grund des Sees hatte erforschen wollen, bleibt dieser bis heute unbekannt.

Der tapfere Lehrer wollte es aber auch nie mehr versuchen. Dennoch ließ er an seinem Haus eine Tafel anbringen:

SEBASTIAN ALMOSER
SCHULLEHRER UND TIEFSEEFORSCHER DASELBST

WALLEREIEN

Das Rockadirl legt sich auf den Steg und klopft mit der flachen Hand auf die Wasseroberfläche, eine oder zwei Minuten lang. Da erscheint in Ufernähe ein meterlanger Schatten, bald darauf ein zweiter, dritter. Die Schatten drehen sich im Uhrzeigersinn im flachen Gewässer. Sie stößt einen spitzen, glasartigen Laut aus, die Wesen verschwinden, wie sie erschienen sind.

»Schau hin: So ein Waller hört alles, schmeckt alles, fühlt alles, sogar des, was an Land passiert! Der Waller ist ja deswegen so mächtig, weil er uralt ist, noch aus der Zeit vor dem großen Eis.«

Sie nimmt das graue Pergament in die Hand, eine unwirtliche Polarlandschaft erscheint.

»Damals hat das hier ausgschaut, ma mag sich gar nicht mehr erinnern! Alles blau schimmernd und so was von saukalt! Ohne das mächtige Eis hätten wir heut gar keinen Tegernsee. Aber die Waller oder Welse, wie die feinen Leut sagen, san viel, viel älter wie der See!«

»Sie gehören zu den archaischen, vorsintflutlichen Fischen auf unserer Erde!«, stimme ich zu.

»Sie san auch aus der Zeit, irgendwie, so wie ich. Oder?«

»Und wie ist es heute mit dem Riesenwaller, gibt's den noch?«, hake ich nach.

»Lassts euch ja von der trügerischen Ruah net täuschen!« Mit einem ahnungsvollen Blick schaut sie mich an. »Wenn Unfriedn, Verschwendungssucht und Respektlosigkeit im Land weider zuanehman, dann bricht er wieder aus, der Waller, und zerschlagt mit seiner Schwanzflossn den Kesselberg. Wia seinerzeit bei da Sintflut brechan dann die Wassermassen aus, reißn as Kraftwerk ins Tal, schwemman ois mit und lassn Mensch und Viech dasaufn. Am End wird dann sogar die stolze, schöne

Münchner Stadt auf immer untergeh! Deswegn hat ma den Berg mit eiserne Bänder umklammert und die Bänder mit Riegel verfestigt, aber des werd nix helfa.«[5]

[5] Sichtungen des Walchenseewallers lassen sich auf das Jahr 1816 durch den Fischermeister Severin Heißdracher und 1912 durch den nächtlich von einem Wirtshausbesuch in Kochel heimkehrenden Flößergesellen Max Weininger datieren. Erfolglos blieben dagegen die nächtlichen Versuche des Malers Lovis Corinth, der sich nächtelang am Walchenseeufer auf die Lauer legte, und den Waller mit eigenen Augen zu erblicken, sein Aussehen zu skizzieren um ihn später in Öl zu porträtieren. Ein Bild des Walchenseewallers fehlt somit in den Seestücken des Künstlers.

WALCHENSEE UND LISSABON

Von dieser alten, schauerlichen Vorhersage habe ich schon gehört. Aber wie ist das mit der Tiefe des Walchensees? Der Schullehrer ist in seiner Ochsenhaut seinerzeit gar nicht bis zum Grund vorgedrungen.

»Kann er auch gar net«, erwidert meine rothaarige Wasserhex, »denn der Walchensee steht ja durch einen unterirdischen Kanal mit dem Meer in Verbindung. Seit dem Jahr 1755 woaß ma des genau: Damals, am Allerheiligentag war's, is ein furchtbares Unglück passiert, weit weg! Die große Stadt Lissabon is von einem Erdbeben zerstört und großenteils vom Meer verschlungen worn. Genau zur selben Stund hat der Walchensee angfangen, zu brausen und zu kochen, sodass ein paar Fischer, die grad auf da Überfahrt warn, vo dene haushoha Welln in die Höh gworfen worn san![6]

Sie san bald drauf zum Kurfürsten Max Emanuel nach München befohln worn, um ihm Bericht zu erstatten. Da Achensee is damals um vier Fuß abgesunkn, und die Achen oberhalb vo Lenggries hod an ganzn Tag lang koan Tropfn Wasser gführt. Am selben Tag zur selben Stund hat die Sandreißn zwischn Walchensee und Urfeld zum Laufa ogfanga, und der Berg zwischen Windpassel ober Straßberg ist abganga! Seitdem ham diese Plätze vo de Benediktbeurer Klosterherrn den Namen »Lissabona« erhaltn. Bis zum Isarwinkel hat ma den Erdstoß verspürt: Beim Lautenbacher zu Tölz ist ein Handwerksbursch ein paar Schritte vom Zaun weggeschleudert worn. So war das damals! Und alles wega dem unterirdischen Kanal vom Walchensee hinüber ins riesige atlantische Meer!

[6] Vgl. E. Becker: *Der Walchensee und die Jachenau. Eine Studie*, Innsbruck 1897, S. 70.

Der Kurfürst hat sich umgehend Bericht erstatten lassen und sofort in der ehemaligen Gruftkirch zu München eine ›ewige Messe‹ lesen lassen, um weiteres Unglück fürderhin abzuwenden. Alle viertel Jahr is ein Ausrufer auf am Apfelschimmel durch die Straßn gritten und hat die Bürger zur Buße gemahnt. Wenn ein neuer Kurfürst an die Regierung kommen is, dann hat er einen geweihten goldenen Ring in den See werfen lassn, um das Ungeheuer zu versöhnen. Und der Abt von Benediktbeuern hat seine Mönche und viele furchtsame Gläubige mehrmals im Jahr in einer Prozession um den ganzen See gführt.

Selbst der Oskar von Miller hat zwei Jahrhunderte später, wie er das Walchenseekraftwerk erbaut hat, heimlich einen Ring in den See werfen lassen, damit dieser hochmodernen Anlag nix passiert. Der Fischermeister von Niedernach hat des für ihn erledigt. Der Miller hat ihm noch ein großzügiges Trinkgeld zugsteckt, damit er sich seiner Verschwiegenheit versichert.«

»Wenn es diese unterirdische Verbindung geben sollte, wäre es dem Waller dann möglich, dass er zwischen dem Walchensee und dem Atlantikhafen der großen portugiesischen Seefahrerstadt hin- und hertaucht?«

Rockadirl wiegt den Kopf: »Des kann i selber net genau sagn. Aber in Lissabon berichten die dortigen Fischer, ein großer, marmorierter, unbekannter Riesenfisch hätt ihnen mehrmals den Fang aus de Netze gstohlen und dabei riesige Löcher neigrissen. Sogar die Eisenketten an de Netze hätt er durchbissn!

Wahrscheinlich ham die Ringspenden von de Wittelsbacher und die Betprozessionen größeres Unglück vom bayerischen Oberland abwenden können: Es hat sich, fast aufn Tag hundert Jahr später, nämlich 1855 das Erdbeben von Tokio ereignet. Auf der anderen Seitn vom Erdball! Des hat aber zum Glück keine größeren Wellenschläge im Walchensee zur Folge ghabt.

Doch auch im fernen Japan geht ma davo aus, der Flossenschlag von einem dort lebenden Wels wär für die Erdbeben von Tokio verantwortlich. ›Namazu‹ hoaßt er, der japanische Verwandte vom Walchenseewaller.

Auf ganz vui farbige Holzschnitte kann ma sein zerstörerisches Wirken betrachten, unzählige Menschen san ihm zum Opfer gfallen und Häuser und Felder hat er verwüstet. Und so wie der bayerische Kurfürst eine ewige Messe hat lesen lassen, so ham die japanischen Shinto-Priester verschiedene Schreine erbaut, um mit Opfern, Kulthandlungen und Gebet das Untier zu besänftigen und mild zu stimmen.

Und noch eine Gemeinsamkeit gibt's zwischen dem Walchensee und dem fernen Japan: Die berühmten japanischen Schreiner, Zimmerer und Maurer ham heimlich einen ›Schrein‹ erbaut, in dem sich der ›Namazu‹ hat verstecken können. Verstecken vor der Verfolgung durch die aufgebrachte Bevölkerung!«

»Aber warum ham sie das gemacht?«

»Ja, wegam Gschäft«, erklärt die weltkundige Wallerexpertin. »Aber auch die Maurer, Zimmerer und Schreiner vom Walchensee ham sich bei dene Bittprozessionen gegen den Waller entschuldigt, san net higanga, ham si verdruckt. Unabhängig vonanand ham die Handwerker erhofft, durch ein solches Unglück mit all seinen Schäden an Haus und Grund an einträgliche Aufträg zu kommen. Des Gschäft wolltn sa si net entgeh lassn, hoaßts … Und des warn a paar Gschichten übers Ungeheuer drunt im Walchensee.«

22 UHR: BERGWIND

›Na sauber!‹, denk ich mir. ›Ist der Geschäftssinn der einheimischen Handwerkerschaft so ausgeprägt? Aber eine gewisse Schläue, die man nicht an die große Glocke hängt, ist diesem Stand durchaus zu eigen.‹

Das Geläut des Tegernseer Klosters schlägt zehnmal. Der See liegt ruhig und glatt da, drei Schwäne gleiten dem Ufer zu und steigen allervornehmst aus dem Wasser. Das Rockadirl grüßt die eleganten Vögel mit einigen gutturalen Lauten, die Schwäne krächzen leise zurück – eine Konversation, von der ich ausgeschlossen bin. Die Schwäne stellen sich nebeneinander ans Ufer, drehen ihren Hals nach hinten und stecken ihren Kopf zwischen Flügel und Bauch. Sie tragen ihr Kopfkissen immer bei sich.

»Wir kennen uns scho lang, vom Königssee her«, sagt das Rockadirl.

Oben auf den Berghängen hat sich die Luft abgekühlt und sinkt schwer ins Tal hinunter. Sie streicht erfrischend über die Grasweiden herab und umfließt die Kühe, die wiederkäuend auf den Wiesen liegen. Über den See wallt der Wind harmlos mild hinweg. Die Bergluft weht auch am Rockadirl vorbei zu mir. Heimlich schnuppere ich. Einen ganz eigenen Duft hat sie, nach Seewasser, Laichkraut und Seerosen.

Am Himmel bilden sich ein paar flache Nachtwolken. Zum Glück sind die Wolken nicht zu dicht, denn heute Nacht ist eine besondere Nacht: Die Erde kreuzt die Umlaufbahn eines Planeten und kleine Stoff- und Eispartikel dieses Fels- und Eisbrockens treffen auf die Erdatmosphäre.

»Heute ist Sternschnuppennacht! Dazu noch Neumond und wenig Licht! Ich hoffe, dass man ein richtiges Lichterschauspiel sehen kann.«

»Mei is des schön, der Herr Schreiberling hat einen Sinn für Romantik. Da haben wir ja direkt eine Seelenverwandschaft. Gott sei Dank gibt die Wetterhex, die narrische Amsel, heut eine Ruh, dann sieht man wenigstens was!«

Das Rockadirl legt sich neben mich und schaut in den frühen Nachthimmel hinauf. »So bin ich oft dagelegen, mit meiner Mutter, drüben vor unserer Hüttn am Schliersee. Sie war immer ein bisserl traurig wegen dem, was man ihr angetan hat. Und des Melancholische liegt auch in mir drin.«

Meine Muse strahlt angenehme Wärme aus. Aber ist so einem Zwischenwesen eigentlich kalt und warm?

»Ich mach uns schnell ein Feuer. Holz liegt genug herum. Zwar nur ausgewaschenes Schwemmholz. Brennt ein bisserl schnell, man muss halt mehr nachlegen.«

»Ja das Holz erzählt so seine Gschichten!« Meine Begleiterin scheint doch leicht zu frösteln. Sie setzt sich auf, verschränkt ihre Arme, schiebt die Schultern nach vorne und kriecht in sich hinein. Dezent auffordernd blickt sie mich an. Aus der Packtasche hole ich eine Decke und lege sie über ihre Schultern. Sie lehnt sich an mich.

»Merci! So ist es besser. Wärme braucht der Mensch, Wärme und Liebe! Wenn sie nicht immer so traurig wär, die Liebe. Traurig wie die Gschicht vom Soinsee drüben über Geitau ...«

DER UMGEHENDE JÄGER VOM SOINSEE

ohl 200 Jahre ist es her, da lebte in Aurach im Leitzachtal der Severin, ein ansehnlicher, junger Holzknecht, der in den Sommermonaten und an den Feiertagen häufig die Soinalm besuchte. Natürlich hatte er dafür einen charmanten Grund, denn dort oben arbeitete die Rosl als Sennerin, fesch anzusehen und mit freundlichem, treuem Gemüt. Zwischen den beiden hat es wohl geknistert, sie haben sich gut vertragen, viel gelacht und sich gutgetan. Aber wenn der Severin bei der Rosl auf der Alm war, ihr beim Melken und Käsen half, dann gab es noch einen argwöhnischen, eifersüchtigen Zeugen ihrer jungen Liebe.

Der Wast, ein Jagdgehilfe, stand im Wald und lurte zur Alm hinüber. Auch wenn es ihn fast zerriss, er wollte genau mitbekommen, was sich da drüben anbahnte. Bitterkeit nagte in ihm, denn auch er stand auf die Rosl. Alles Mögliche hatte er getan, um ihre Aufmerksamkeit zu gewinnen. Ein himmelblaues Halstuch hatte er für sie gekauft, bei einem italienischen Kraxenträger auf dem Miesbacher Markt, und er hatte es ihr überreicht, in knisterndes Seidenpapier eingebunden. Aber die Rosl hatte sein Geschenk nicht unfreundlich, aber eindeutig, zurückgewiesen: »Schlag es dir aus dem Kopf, aus uns werd nix! Ich hab mich dem Severin versprochen. Er muss es sein und kein anderer.«

Diese Zurückweisung arbeitete und nagte im Wast, das konnte er nicht vergessen. Manchmal loderte eine innerliche Wut auf, vor der er selber erschrak. Noch dazu hatte er den Severin im Verdacht, dass der heimlich auf die Gamsen ging, immer wieder waren Spuren von Wilderei zu entdecken. Vor aller Augen die Rosl erobern und heimlich das Wild erlegen, das war zu viel: Der Severin musste aus dem Weg geräumt werden!

Es war August, Mariä Himmelfahrt, die Hitze des

Hochsommertages ging in eine drückend schwüle Nacht über. Den ganzen Tag schon, nach der Frühmesse, war der Severin droben bei der Rosl. Er hatte ihr einen späten Strauß Almenrausch gebrockt, sie hatte ihm einen Schmarrn mit Waldbeeren gekocht, Lachen war zu hören und die beiden machten sich schöne Augen. Um den Hals trug die Rosl ein blauseidenes Tuch, genau so eines, wie sie es vom Wast nicht geschenkt haben wollte! Aber irgendwann würde der Severin schon ins Tal absteigen.

Die Wetterschwüle entlud sich in einem heftigen Gewitter. Wind wühlte den Soinsee durch, Regen stürzte vom Himmel und sorgte für eine erleichternde Frische. Doch krankhafte Eifersucht kann kein Wettersturz kühlen. Abend wars, der Severin kam gerade von der Almhütte herunter und wollte am Wast vorbeigehen, der ihm am See mitten im Weg stand.

»Geh auf d'Seitn, sonst ...«, drohte der Severin.

»Was sonst?«, gab der Wast zurück und dann ging es schnell: Ein kurzes Handgemenge und ehe der Severin ihn mit seinem Bergstock abwehren konnte, stieß der Wast dem Nebenbuhler das Waidmesser ins Herz. Mit einem Blick voll ungläubigem Erstaunen sank der Severin zu Boden und das Augenlicht brach ihm.

Der Wast packte ihn, immer noch von Sinnen, zog ihn ins Wasser und stieß ihn in die Tiefe. Dann rannte er los, hinauf zur Almhütte. Er klopfte ans Fester der Kammer: »Deinen Schatz kannst du dir im Soinsse drin suchen«, rief er hinein und rannte weiter, einfach weiter und hinauf.

Die Rosl sprang auf. Voller Angst lief sie hinunter zum See. Da, am Ufer eine Blutlache und auf dem See schwamm ein Hut. »Severin, ich komm zu dir!«, rief sie in ihrer Verzweiflung und trat hinein in den See, bis ihre Füße keinen Halt mehr fanden und sich das Wasser über ihr schloss. Das Gewitter hatte sich ausgetobt, der See lag friedlich und still – viel zu still.

Dass der Wast den Severin beim Wildern erwischt und in Notwehr gehandelt hatte, das glaubte außer dem schmierigen,

obrigkeitshörigen Landrichter niemand im Tal. Für den Wast brachen schwere Zeiten an, er wurde geschnitten, man ging ihm aus dem Weg und er selber erkannte auch, welches Unrecht er in seinem Furor hervorgerufen hatte. Verschlossen und sinnend zog er in den Bergen umher.

Im nächsten Sommer, als sich seine Freveltat jährte, sah man ihn trübsinnig an der Gamswand sitzen und in den grünen See starren. Niemand sprach ihn an und er hätte auch niemandem eine Antwort gegeben. In den darauffolgenden Tagen erschien er nicht mehr im Jagdhaus am Freudenberg. Irgendwas stimmte nicht! Der Jäger schickte einen Trupp Holzknechte los, um ihn zu suchen. Man hat ihn bald gefunden, erhängt am Ast einer alten Tanne am See.

Doch seine Ruhe hat der Unglückliche nicht gefunden. Wenn sich in sternklaren Nächten der Mond im See spiegelt, dann ist ein schauriges Stöhnen und Jammern zu vernehmen. Es ist die Seele vom Jagdknecht Wast, die umgeht und wegen seiner Freveltat keine Ruhe findet.

Die Sennerinnen von der Tiefentaler- und der Soinalm sind in solchen Nächten nie mehr spät unterwegs, und wenn sie am See vorübergehen, dann bekreuzigen sie sich.

WETTERHEX UND KAMPENWAND

»Mit der Liebe ist es oft ein rechtes Kreuz!« Etwas ironisch sinniere ich vor mich hin.

»Aber wenn es passt, dann ist es eine wunderbare Sach!«, seufzt das Rockadirl und schaut mich mit tiefem Blick an. Eine leichte Gänsehaut läuft mir den Rücken hinunter. »So eine Seehexe, noch dazu eine so wohlgestaltete, könnte dich schon in Abgründe locken, dir den Sinn verdrehen, dich in die Tiefe ziehen.«

»Woher weißt du von der Gschicht vom Soinsee?«, frage ich.

»Vo da Wetterhex. Ich war amoi drüben in ihrer Höhle in der Kampenwand. Die Trud war auch mit dabei: Weiberabend! Und immer, wenn die Wetterhex einen Schnaps trinkt, dann hört sie nimmer auf zum erzähln. So war des auch an dem Abend. Der Karwendelriese von Tirol hat ihr ein Flascherl dalassen und das ham wir dann aufgmacht. Unter uns ist der Chiemsee gelegen, Herreninsel, Fraueninsel, Krautinsel. Über uns das Gipfelkreuz von der Kampenwand, das sieht die Wetterhex eher ungern. Und dann sind wir irgendwie auf die Gschicht von der seligen Irmengard kommen, obwohl die Wetterhex dabei gar nicht gut wegkommt.

DIE SELIGE IRMENGARD VOM CHIEMSEE

m das Jahr 870 ruderten zwei Fischer an einem Sommerabend auf den See, um draußen die Netze zu leeren und den Fang nach Frauenwörth zu bringen. Just an diesem Tag ist in der Klosterkirche das hanfgedrehte Glockenseil, mit dem die Wetterglocke geläutet wurde, gerissen und es fand sich so schnell kein Ersatz dafür. Den beiden Fischern aber war davon nichts bekannt.

Dieser an sich nicht so bedeutende Vorfall spielte der Wetterhex, die in einer Höhle hoch oben an der Kampenwand hauste, in die Karten. Sie verstand sich auf alles, was die Zauberkunst betrifft und zum Hexenwissen gehört: Wetter machen, Bauern plagen und Vieh schrecken. Die Bauern im Chiemgau und die Fischer auf dem Chiemsee lebten mit ihr in einem immerwährenden Kampf. Nur wenn sie die Wetterglocken läuten ließen und die Wetterkerzen entzündeten, dann war die Macht der Wetterhex geschwächt, manchmal sogar gebrochen. Blitz und Donner mussten weichen und der vernichtende Hagelschlag ging in einen warmen, den Erdboden sättigenden Sommerregen über. Das lästige Läuten der Wetterglocke hatte der Wetterhex schon die schönsten Unwetter verdorben. Diese Rechnung war offen und das wollte sie endlich dieser Irmengard, Äbtissin vom Kloster auf der Fraueninsel,[7] heimzahlen.

Die Kunde vom gerissenen Glockenstrick war der Wetterhex vom Nordwind zugetragen worden. Jetzt sah sie ihre Stunde gekommen. Schnell fuhr sie auf ihrem Besen aus der Höhle und flog

[7] Die selige Irmengard vom Chiemsee war Tochter von Ludwig dem Deutschen und seiner Frau Hemma. Sie war Äbtissin des Klosters Frauenchiemsee, baute das halbverfallene Kloster wieder auf, half den Entrechteten und unterstützte durch ihre Wohltätigkeit die Armen.

über die gewaltigen, wie ein Unterkiefer in den roten Abendhimmel beißenden Felsreihen der Kampenwand hinüber nach Nussdorf. Wo der Inn aus den Bergen heraustritt und das Inntal die Eisluft von den hohen Gletscherbergen herausführt, da wollte sie hin. Eine großmächtige Gewitterwolke hatte sie dort aufgebaut, genau nach ihrem Geschmack: ein Ungetüm, das bis in die Eisregion des Himmels hinaufragte, nach unten ausquellend wie ein riesiger Blumenkohl, giftig schwefelgrün gefärbt und von spitzen Blitzen durchleuchtet. In der Höhe strahlend, weißer als der frischeste Schnee – das kam von den Eiskristallen, die mit ungeheurer Geschwindigkeit mitten in dieser Wolke einen infernalischen Höllentanz aufführten. Stolz war die Wetterhex auf diese Wolke, die wollte sie zum Chiemsee hinüberschieben und so der Irmengard ein für alle Mal zeigen, wer auf dem See das Sagen hat!

Doch auch Irmengard erblickte durch das bleigefasste Fenster des Refektoriums die sich aufbauende Gewitterwand. Sorgenfalten legten sich auf ihr edles, ebenmäßiges Antlitz. Jetzt wäre es höchste Zeit gewesen, die Wetterglocke Sturm läuten zu lassen, die Fischerbrüder auf dem See zu warnen und die Wetterhex in die Knie zu zwingen. Doch der fehlende Glockenstrick ließ dies nicht zu.

Die Wetterhex war mitten in ihrem Element, begann aufzutrumpfen: Die riesige Wolke blies sie mit der ganzen Kraft ihrer Lungen hinüber zum Chiemsee, ließ unterwegs ein kleines Kornfeld zerhageln und mit einem Blitz entfachte sie ein Feuer in einem Heustadel. Doch das war nur der Auftakt, ein kleines Vorspiel sozusagen: Die ganze Kraft des Gewitters wollte sie über dem Chiemsee zur Entladung bringen.

Die zwei Fischerbrüder ahnten nichts von der heranziehenden Gefahr. Sie waren ganz in ihre Arbeit vertieft. Die Netze waren gut gefüllt und die Fische bissen wie wild an der Angel. Wenn sie gegen die untergehende Sonne geschaut hätten, wären sie gewarnt gewesen. Aber sie hatten das Gewitter im Rücken, konnten die lautlos heranströmende Gefahr nicht kommen sehen.

Irmengard hielt jetzt nichts mehr im Kloster, sie war bereits auf den Steg hinausgelaufen und blickte schreckensahnend auf den See hinaus. Sie hatte vor, den beiden Fischern ein Warnzeichen zu geben. Doch diese waren viel zu weit draußen, um dieses Notsignal wahrnehmen zu können. Wild winkte die Äbtissin mit einem feuerroten Tuch und die Schwester Lebzelterin blies mit aller Kraft in ein Kuhhorn. Auch die Frauen und Kinder der beiden waren ans Ufer gelaufen und blickten mit angstvoll geweiteten Augen hinaus auf den See.

Jetzt war die Stunde der Wetterhex gekommen. Wie aus dem Nichts, innerhalb von Sekunden rührte sie mit ihrem Besen den See auf, dass es nur so sprudelte und strudelte, bauschte und rauschte und ihr das Seewasser auf die alte Runzelhaut platschte. Gischt und Wellen jagte sie empor, Blitze schlugen in den See und in alle umgebenden Berggipfel ein, und der Donner jagte den Menschen Angstschauer über den Rücken.

Die Frauen und die Kinder waren inzwischen zum Bootssteg der Insel gekommen:

»Oh hilf uns, Irmengard. Unsere Männer, die Ernährer unserer Kinder, sind draußen auf dem See! Wenn sie ertrinken, müssen wir alle Hunger leiden.«

Da erhellte ein riesiger Blitz die Kalkfelsen der Chiemgauer Berge, ein gewaltiger Donner hallte zwischen den Felswänden hin und her und aus dem Donnern konnte man das grausame Gelächter der Wetterhex hören:

»Läut die Glocke nicht am See!
Bring ich Hagelschlag und Schnee!
Mach, dass hier der Himmel brennt,
Und tanz wild am Firmament.«

Diesen Spott konnte sich Irmengard nicht bieten lassen. So laut sie konnte, schrie sie gegen das tobende Firmament an:

»Die Männer hol ich heim nach Haus,
Und dir treib ich deinBöswerk aus!«

Irmengard jagte zum Bootshaus, löste die Taue einer Plätte, ergriff die Ruder und steuerte das Boot mit kraftvollen Schlägen auf den tobenden See hinaus. Das Boot tanzte auf den Wellen wie ein Stück Treibholz. Kaum eine Chance schien sie gegen die verheerende Kraft der Wetterhex zu haben.

Doch kaum hatte sie sich ein Stück vom Ufer entfernt, erstrahlte um sie herum ein helles Licht und das Wasser rund um das Boot wurde ruhig und glatt. Mit festen Zügen ruderte Irmengard weiter hinaus und das Licht, das sie umgab, strahlte über den See hinüber zu den um ihr Leben kämpfenden Fischern. Diese hatten den Kampf gegen die Elemente schon fast aufgegeben, aber als sie den Lichtschein erblickten, fassten sie neuen Mut. So sehr die Wetterhex auch versuchte, die Plätte mit der Heiligen zu fassen und mit Gischt und Wasser zum Kentern zu bringen, ihre zerstörerische Kraft reichte nicht aus. Hilflos musste sie mit ansehen, wie Irmengard zu den Fischern ruderte und ihnen mit ihrem Licht heimleuchtete. Die Fischerbrüder erkannten bald die Umrisse der Fraueninsel. Zitternd, durchnässt aber lebend erreichten sie das rettende Ufer, wo sie von ihren glücklichen Angehörigen umarmt wurden. Schon am nächsten Morgen drehten sie ein neues Seil und hängten es an die Wetterglocke auf der Insel.

Das Gewitter verzog sich, und wenn man genau hinhörte, konnte man aus der Höhle auf der Kampenwand die wütende Wetterhex schreien hören:

»Die Heilige von der Insel, die hat mir den ganzen Spaß verdorben.«[8]

[8] Die selige Irmengard genießt bei den Menschen am Chiemsee noch heute große Verehrung. Man sagt sogar, ihr Wirken für die Armen sei noch immer spürbar, seien doch in den Orten rund um den Chiemsee heute kaum noch arme Menschen zu finden.

23 UHR: TREIBHOLZ

»Komm, Schreiberling, leg noch ein paar Prügel auf die Glut nauf, nicht dass sie ausgeht!«

Ich hole noch etwas von dem Holz, das auf der Kiesbank angeschwemmt wurde. Treibholz trocknet schnell, es enthält ja keine Baumsäfte. Man muss öfter nachlegen, denn der ruppige, unkomfortable Transport mit dem Bach hat dem Schwemmholz all seine harzigen Bestandteile ausgeschwemmt. Das Holz aus dem Bergbach ist rauer als das aus dem See, an einem angeschwemmten Stock haften noch Wurzeln an. Die brennen etwas besser.

»So passt's! Unsereins hat es ned oft, dass es einem so schön warm wird.« Sie kuschelt sich vorsichtig an mich. »I tua da scho nix. Keine Angst!«

Behutsam lege ich den Arm um sie und kann nicht behaupten, dass es mir unangenehm wäre.

Auf der gegenüberliegenden Seite der Bucht, die von einem Moor begrenzt wird, kommt es zu einer Lichterscheinung. Ein kleiner Glitzerball tanzt zu einer unhörbaren Melodie über die feuchte Erde. Meine Erzählerin winkt hinüber: »Ein Irrlicht. So ein schönes! Eine unerlöste Seele!«

»Na ja, vielleicht gibt es eine andere Erklärung dafür: Faulgase aus dem Moor oder ein Halimasch, ein Schwammerl, oder ein Leuchtkäfer!«

»Faulgase? Schmarrn! Ein Irrlicht is des, sonst nix!«

»Ist ja gut: Ignis fatuus – Narrenlicht heißt diese Erscheinung.«

»Kein Narr! Eine arme Seele is des. Die keine Ruh findt!« Sie scheint etwas eingeschnappt zu sein. »Ungläubiger Dammerl. Willst oiwei ois besser wissen! Immer erklären, dabei gibt's so vui, was ma net erklärn kann!«

Eine Weile herrscht ein leicht verdrießliches Schweigen. Leise schlagen die Wellen ans Ufer. Nach einer Weile nehme ich den Gesprächsfaden wieder auf: »Die meisten Seen sind ja gar nicht so alt, wie man meint. Vielleicht zehntausend Jahre. Davor war hier alles voll Eis, die Gewalt und die Kraft der Gletscher haben die Landschaft modelliert. Geröll haben sie hinausgeschoben, in reißenden Bächen haben sie ihr Schmelzwasser entflutet.«

Sie nimmt wieder das Pergament in die Hand: »Freilich, da schau hin! Dann is es wärmer worn, immer mehr is as Eis verschwundn und hat einen Verhau von Kies, Felsen und Sand hinterlassen. Und dann ham sich die Pflanzn breitgmacht, zwischen de Stoana durchgrabn, am Sonnenlicht entgegn. Schau: As Edelweiß is überall gwachsen und rumgestanden wia Unkraut. Aus am langa, eiskoidn Schlaf is ois wieder erwacht. Erst die Pionierpflanzen auf dem nackerten Moränenboden, dann san Insekten umanandgschwirrt und kaum warn a paar hundert Jahr vorbei is ois wieder fett und grün daglegn wia a unendlicher Wiesnteppich. Und nach de Insekten san dann die größern Viecher zruckkemma: Mäus, Hasen, Mankei. In manche Seen drin san Inseln überbliebn, so wia die Mausinsel, drüben im Wörthsee[9] im Fünfseenland. Aber Mausinsel hat ma sie erst später ghoaßn!«

9 »Wörth« ist die keltische Bezeichnung für »Insel« und findet sich so noch heute an vielen Seen wie auch in der Bezeichnung der beiden Donauinseln »unterer und oberer Wöhrd« in Regensburg.

DIE MAUSINSEL IM WÖRTHSEE UND WOHER SIE IHREN NAMEN HAT

er junge Graf hat einen Feldstein in der Brust, wo bei anderen ein Herz schlägt!« So raunten sich die armen Bauern im Fünfseenland zu, die als Leibeigene dem Schloss Seefeld beim Pilsensee zugehörten. »Wir fressen nur mehr Brennnesseln und Disteln und müssen mit leerem Magen sogar noch Frondienst leisten!«

»Das Leben ist ein Jammertal, doch der Herr wird euch im Paradies für eure Leiden belohnen!«, predigte der Pfarrer in der Kirche. Er ging gern ins Schloss zum jungen Grafen und ließ sich dort mit Fleisch, Wein und Bier den Wanst mästen. Weil ihm die Augen vor lauter Völlerei schon fast zugewachsen waren, entging seinem Blick, dass sich bei seinen scheinheiligen Predigtworten die harten Fäuste der Bauern noch fester in ihre Hutkrempen verkrampften, bis die Knöchel weiß hervorschienen und die Adern auf der Stirn vor unterdrücktem Zorn anschwollen. Mit hohlen Wangen saßen die Kinder in den Kirchenbänken, kaum Sitzfleisch polsterte ihre Knochen gegen das harte Holz und ihre Mägen knurrten lauter, als die Pfeifen der alten Orgel tönten.

Das Frühjahr war zu trocken, der Sommer zu kalt und nass, und das schon im dritten Jahr. Auch das Geld war nichts mehr wert, eine Teuerung war übers Land gezogen und Salz und Saatgut waren nicht mehr zu bezahlen. Eine elendige Zeit war es, der Himmel und die Obrigkeit schienen taube Ohren zu haben, und der Boandlkramer war ein häufiger Gast, schon bei den Kindern.

Den Grafen im Schloss droben scherte das alles nicht. Für ihn war das dumpfe Bauernvolk selbst schuld an seinem Elend, es waren ihrer eh zu viele, und warum mussten sie sich auch vermehren wie die Mäus und Ratzen, wenn sie dann die Mäuler *nicht stopfen konnten? So dachte der Graf im Geheimen, doch da schwang auch etwas Neid und Verbitterung mit, denn die Wiege oben im Kindsgemach war bis heute leer geblieben. Still, zu still war es droben im Schloss. Um den Mund der hochwohlgeborenen Gräfin hatte sich ein harter Zug gelegt, dem vorwurfsvollen Blick des Grafen wich sie aus, man ging sich einfach aus dem Weg.*

Damit die Stille nicht gänzlich vom Schloss Besitz ergreifen sollte, befahl der Graf, ein großes Fest auszurichten. »Man darf sich seine gute Laune durch die mageren Zeiten nicht verderben lassen«, meinte er und schickte Boten mit einer Einladung in die Schlösser und vornehmen Landgüter der Umgebung.

»Sie sollen nicht meinen, dass der Seefelder Graf am Hungertuch nagt und arm wie eine Kirchenmaus ist!«

Der Graf schickte seine berittenen Schergen aus, allesamt wüste Haudegen, um für die Bewirtung der Gäste den Bauern noch die letzte Sau und die letzte Kuh aus dem Stall zu holen. »Wenn's der Herrschaft gut geht, dann wird's dem Gesinde auch bald wieder gut gehen!«, ermunterte er seine Knechte, denn selbst die rohesten unter ihnen zweifelten, ob man den Bauern nicht wenigstens das Letzte zum Überleben lassen sollte. Aber das Herz des Grafen blieb kalt wie ein gefrorener Lehmklumpen.

Der Tag des großen Fests war gekommen: Aus allen Teilen des Landes kamen die noblen Damen und edlen Herren auf ihren Pferden geritten oder in Kutschen gereist, fuhren durch die Dörfer ringsherum, schlossen die Vorhänge ihrer Gefährte, um das Elend nicht sehen zu müssen und parfümierten ihre Riechtüchlein gegen die üblen Gerüche. Der Graf hieß seine Gäste willkommen, Musikanten spielten Tanzweisen, auf den Spießen briet bestes Wildbret und auf den Rosten lagen die Fische aus dem Wörthsee und den gräflichen Weihern. Hühner, Enten und Gänse drehten sich über den Holzfeuern im Schlosshof und der Duft von gebratenem Speck zog über die Zinnen hinaus ins Land.

Dort vor den Mauern standen die armen Kinder und hielten die Nasen in den Wind. Sie zogen die Luft voller Wohlgerüche in ihre Lungen und wünschten sich, diese fast vergessenen oder nie gekannten Geschmäcker und Düfte kauen, beißen und schlucken zu können. Aber Luft bleibt Luft und stillt keinen Hunger, im Gegenteil. Die Mütter traten zu den Kindern und auch die Männer gesellten sich dazu, es gab auf den verrotteten Feldern eh nichts zu bestellen.

Einer der Bauern rief als Erster: »Wir gehen zum Schloss, er muss uns was abgeben, in Christi Namen!«, und erst zögernd, vorsichtig, doch am Ende entschlossen zogen die erbärmlichen Hungerleider los zum Grafensitz. So traten sie vor die Mauern, schluckten ihre Wut und ihren Stolz hinunter und baten um Hilfe.

»Wollt ihr Pack mir die Laune verderben und meine Lustbarkeit zerstören, was fällt euch ein?«

»Hilf uns, edler Herr, im Namen der Barmherzigkeit! Wir sterben vor Hunger!«

Das hämische Lachen des Grafen ging in seinen gefürchteten Jähzorn über, aber die Verzweiflung der Hungernden war zu groß, um vom Bittgang abzusehen.

»Öffnet die Tore und lasst das undankbare Pack herein!«, befahl der Graf den Wachen. Schwer stöhnend öffneten sich die Burgtore.

»Treibt sie hinüber in die Scheune hinter den Wehrgängen!« Die Wächter zwangen die Hungernden mit allerlei Grobheiten und Stößen hinüber, aber diese hofften, wenigstens die Brosamen und Essensreste von den Herrentischen zu erhalten.

Als dies geschehen war, gab der Graf den Befehl: »Zündet die Scheune an!« Das war selbst den gröbsten der Schergen zu viel, sogar der Hauptmann der Wachen versuchte, den Grafen milde zu stimmen.

»Wer mir nicht gehorcht, der kann sich gleich dazugesellen«, brüllte der Graf vor Zorn außer sich. Sie mussten dem Befehl wohl *oder übel nachkommen. Vergeblich flehten die Elenden um Gnade und dass der Graf sie vor dem Feuertod verschonen möge. Der aber lachte nur höhnisch: »Ihr wolltet doch, dass ich euch von eurem Hunger befreie, bald spürt ihr keinen mehr!« Die Flammen schlugen hoch und höher und das Wehklagen wurde immer leiser. Die Scheune fiel in sich zusammen und die armen Seelen verbrannten bei lebendigem Leib.*

»Hört ihr sie wie Mäuse und Ratten wimmern?«, höhnte der Graf noch. »Dies Ungeziefer wird bald ausgerottet sein.« Doch das Schreien der Sterbenden wurde in seinem Ohr zu einem grässlichen Kreischen und Quieken wie von haarigen Nagern und es ging ihm nicht mehr hinaus, so sehr er den Kopf auch schüttelte.

Nach seinem Frevel ritt der Tyrann von der abgebrannten Scheune zurück zum Haupthaus, um das Fest dort weiterzufeiern, doch wenn er zurückgeblickt hätte, dann hätte er hinter sich ein graues pelziges Gewurl, ein Fiepen und Scharren, ein Trippeln und Nagen vernehmen können.

Das Fest des Grafen endete ein einem Desaster: Eine unermessliche Zahl von Mäusen und Ratten quoll mit einem Mal aus Ritzen und Löchern hervor, fiel über die aufgetragenen Köstlichkeiten her, jagte über Boden, Tische und Stühle, verbiss sich mit kleinen scharfen Zähnen in Pasteten und Geflügel, in Gesottenem und Gebratenem. Schreiend fuhren die Gäste hoch, rafften ihre schweren Roben zusammen, brüllten nach ihren Kutschern und Pferdeknechten und flohen noch in der Nacht auf und davon. Auch die Gräfin verließ den Ort, keine zehn Pferde hätten sie hier noch halten können.

Der Graf selber trieb sein Pferd zum Wörthsee hinüber, sprang dort in ein Boot und ruderte hinüber auf die Insel. Dort, so meinte er, sei er sicher vor der ungeheuerlichen Nagerschar. Doch er täuschte sich: Schon nahe hinter der Kielspur des Ruderbootes schäumte und brodelte es im Wasser und Tausende und Abertausende von roten Augen leuchteten aus der tiefdunklen

Wasserfläche des Sees. Kaum war er am Ufer angelangt und aus dem Boot gesprungen, landeten dort auch die Ratten und Mäuse. Nichts konnte der Tyrann gegen die Übermacht der Nagezähne ausrichten, die Strafe folgte ihm auf dem Fuße. Heißhungrig fraßen die Graupelze den Despoten bei lebendigem Leibe auf, nur ein bleiches Gerippe im Mondlicht blieb übrig. Danach verschwanden die Mäuse und Ratten wieder von der Insel und auch aus dem Schloss Seefeld, so als ob nie etwas geschehen wäre.

Doch seit dieser Zeit heißt die Insel im Wörthsee die »Mausinsel«.

STERNSCHNUPPENNACHT

»Große Ungeheuer gibt's, kloane Ungeheuer gibt's und wenn ma die Leut knechtet und unterdrückt, missachtet und zwingt, dann kennan aus de Freindlichsten und Harmlosesten böse Ungeheuer wern!«

Entspannt lehnt sich meine Erzählerin an mich und seufzt. Oben am Himmel zieht die erste Sternschnuppe ihre Bahn über den Sommerhimmel.

»Selbst wenn ma unsterblich is wia i: Sternschnuppen stimmen einen immer wieder romantisch! Jeder deaf sich was wünschn! Mach deine Augn ganz fest zua!«

Ich schließe die Augen, ganz fest. Auf den Lippen spüre ich eine leise Berührung. Ich mache die Augen auf, das Rockadirl kitzelt mich mit einem Schilfhalm.

»Und – hast dir was gwünscht?«

»Ja, schon, aber ...«

»Dass du dir fei ja nix einbildest. I bin ned so, wie du vielleicht meinst. Ich bin nämlich für die wahre Liebe. Die gibt's no! Und die is stärker wia alle Ungeheuer mitnanda. Ohne die wahre Liebe tät am Staffelsee immer noch der furchtbare Drache hausen. Glaub's mir!«

DER DRACHE IM STAFFELSEE

uf der Insel Wörth im Staffelsee lebte einst ein abscheulicher Drache. Furchterregend sah er aus, drei Köpfe wuchsen aus drei schuppigen Hälsen heraus, der linke Kopf ähnelte einer Schlange, der rechte Kopf einem Greifvogel und der mittlere einem fetten Metzgerhund. Die Rachen waren mit Zähnen bestückt, so scharf wie das Rasiermesser des Dorfbaders. Der Leib des Drachen war gedrungen wie der eines kräftigen Stieres. Seine Augen leuchteten groß wie Ofenlöcher, die stampfenden Beine endeten in vier Bärentatzen mit Klauen, alle spitz wie die Krallen eines Adlers. Der ganze Leib war von einem schuppigen rauen Panzer bedeckt und der Drachenschwanz war so mächtig, dass er die stärksten Rösser mit einem Schlag niederstoßen konnte, ja, ein einziger Hieb konnte sogar ein Stück Felsen wegbrechen. Seine Fledermausflügel unterstützten ihm beim Laufen, hoben ihn ein Stück weit in die Luft und verlängerten so seine Schritte zu gewaltigen Sprüngen. So konnte ihm nicht einmal ein galoppierendes Pferd entkommen, wenn er ihm nachjagte. Die Farbe der Schuppen war gelblich braun, da und dort rötlich, besonders unter den Flügeln blutig rot. Wenn der Drache lief, hörte man sein Schuppengerassel schon von Weitem: Wer Glück hatte, konnte sich in Sicherheit bringen.

Hier auf der Insel Wörth war er geschlüpft, aus der feuchten und faulenden Nässe, in die einst das Drachenei gelegt worden war.

Die Menschen um den Staffelsee litten schwer unter dem Untier. Sein Appetit war riesig, jeden Monat forderte er einen Ochsen oder ein Pferd und jedes Jahr eine Jungfrau, die er mit Haut und Haaren verspeiste. Sollte er seinen Tribut nicht bekommen, drohte er, den Ort Seehausen niederzuwalzen und mit seinem giftigen Atem alles Leben zu vernichten.

Einige mutige junge Ritter versuchten das Monster zu töten, doch sie bezahlten ihren Mut mit dem Leben: Der Drache lähmte sie mit seinem giftigen Atem aus dem zischenden Schlangenkopf, der Adlerkopf hackte die Augen aus, dann röstete der Drache die kampfunfähigen Edelleute mit dem Feuer aus seinem Schlund. Schließlich knackten die Zähne des Metzgerhundekopfes die Rüstung auf, vereint schlürften die drei Köpfe das Innere schmatzend heraus und ließen es die gierigen langen Schlünde hinabgleiten. Nach solcher Untat rülpste der Drache kräftig und hielt ein paar Tage einen Verdauungsschlaf.

Die Not der Seehausener war groß. Es war Frühling, die Vögel sangen, die Bäche murmelten geschäftig dahin und die Obstbäume standen bienenumschwärmt in voller Blüte. Doch niemand warf ein Auge auf die Schönheit der Natur, denn es war wieder an der Zeit, dem Drachen eine ehrsame Jungfrau zu opfern. Alle herangewachsenen Madl, die infrage kamen, hielten sich versteckt und zitterten vor Angst, das Los könne auf sie fallen. Es war der Tag der Entscheidung, der Bürgermeister zog aus dem Hut einen Namen und verlas ihn: Es war die Kreszenz, auf die das Los gefallen war.

Ein Schrei des Entsetzens kam aus dem Mund des Mädchens und ein leiseres Stöhnen war zu vernehmen: Quirin, ein junger Schneiderlehrling, war ebenso erschrocken wie das Opfer. Er hatte schon seit Längerem ein heimliches Auge auf die Kreszenz geworfen und war sehr in sie verliebt.

Um die Kreszenz herum war nach dem Losen ein leerer Kreis entstanden, all die lieben Nachbarn waren von ihr abgerückt, froh darüber, dieses Mal davongekommen zu sein. Nur der Quirin trat zu Kreszenz, nahm die Weinende in den Arm und flüsterte ihr heimlich etwas ins Ohr.

Man muss an dieser Stelle bemerken, die Kreszenz war keine Schönheit: Ihr Gebiss war etwas schief geraten, sie war ein wenig zu dick, die Beine waren kurz und ihre Haare standen strohig vom

Kopf. Unter ihrem Hals hing ein Kropf, der Jahr für Jahr an Umfang zunahm. Deshalb hieß man sie auch die »kropferte Kreszenz«. Aber auch der Quirin war von der Natur stiefmütterlich bedacht worden: Er war etwas schwächlich, aus seinem Rücken wuchs ein Buckel, seine Ohren standen ab wie kleine Flügel und seine Augen schielten in zwei Richtungen. Man nannte ihn den »bucklerten Quirin«. Wegen ihrer »Schiachheit«[10] *hatten beide ein Leben lang leisen und lauten Spott, zumindest aber mitleidige Blicke aushalten müssen. Die alte Mesnerin sagte, wahrscheinlich habe bei beiden eine Trud ins Kindsbett hineingeschaut, deswegen seien sie so verwachsen geworden. Das heimliche Gerede aber machte die Kreszenz und den Quirin innerlich stark, schon von Kindheit an hielten sie zusammen, und dank ihres guten Charakters und starken Willens gingen beide geradeaus ihren Weg.*

Nun, das Los war auf die kropferte Kreszenz gefallen, und so verliefen sich die Leut, scheu umblickend und mit schlechtem Gewissen. Die nächste Arbeitswoche begann und alles schien voranzugehen wie immer. Nur beim bucklerten Quirin nicht. Irgendetwas führte der im Schilde. Beim Jäger besorgte er sich am Montag zwei Rehfelle. Am Dienstag holte er beim Metzger einen großen Hafen Schweineschmalz. Am Mittwoch schnitt er Kamillenblüten auf dem Feld und holte vom Nachbarn ein großes Bund Stroh. Am Donnerstag trieb er sich wie zufällig in der Nähe einer Baustelle herum, wo gerade ein Fuhrwerk entladen wurde, das ungelöschten Kalk aus den Tiroler Öfen herbeigeschafft hatte. Am Freitag bemerkte der Wirt, dass ihm zwei Hirschgeweihe fehlten, die gestern noch an der Wand gehangen hatten. Am Samstag war auf einmal das Sonntagsgewand der Kreszenz von der Leine verschwunden, und all die Tage ging das Licht in der Schneiderwerkstatt bis zum Morgengrauen nicht aus.

[10] Hässlichkeit

Der Tag des Opfergangs war angebrochen. Ein Maientag, so lieblich und voller Lust, aber am Seeufer herrschten Schweigen, Trauer und Furcht. Doch was war da los? Der Quirin ruderte schon in der Morgendämmerung mit seinem Kahn über den See. Gerade ging erst die Sonne auf und er landete schon drüben auf der Insel Wörth. Oh mein Gott, er brachte selbst seine Kreszenz hinüber, denn sie saß ja auf der hinteren Bank. Wollten sich die beiden in ihrer Verzweiflung gemeinsam opfern?

Kaum hatte der Drache den Kahn erblickt, witterte er schon das Menschenfleisch und den lieblichen Duft seines jungen Opfers. Gierig blies er seinen giftigen Atem über den See hinaus.

Die Seehausener standen bedrückt am Ufer. Die Männer drehten verlegen den Hut in der Hand, die Weiber holten das Spitzentuch hervor und die Kinder heulten Rotz und Wasser. Eigentlich wollten alle die Kreszenz auf ihrem Opfergang begleiten, nicht zur Insel, aber wenigstens zum Bootssteg. Wie wunderten sie sich, als sie sahen, dass sie bereits mit Quirin und dem Kahn drüben auf dem Dracheneiland angelangt war. Die Seehausener wurden Zeugen, als der Quirin die Kreszenz aus dem Kahn hob. Sie war anscheinend ohnmächtig geworden, denn er trug sie auf seinen Armen davon.

Das Ungeheuer rollte vor Gier mit seinen Feueraugen, und Quirin legte die immer noch ohnmächtige Kreszenz vor dem Nest des Drachen ab.

Das Höllenvieh, wie toll geworden durch den Geruch von Fleisch und zarter Haut, sprang sein Opfer an: Mit seinen messerscharfen Krallen packte es zu. Aus dem Schlangenkopf schlurzte giftig grüner Schleim, der Adlerkopf schlitzte den Leib der unschuldigen Jungfrau auf, um dem Hundekopf den Zugang zu den Eingeweiden zu eröffnen. Gierig fraß sich dieser in den unschuldigen Leib hinein, sein Schmatzen war über den ganzen See zu vernehmen.

Der Quirin rannte um sein Leben und sprang in den Kahn. Es gelang ihm noch, ein Stück auf den See hinauszurudern, doch dann sank er – durch den giftigen Atem des Drachen betäubt – in sich zusammen. Die Seehausener packte das Grauen, als sie sahen und hörten, wie das Untier mit seinem Hundekopf die Jungfrau hineinschlang und ihre Knochen mit lautem Knacken zermalmte.

Da, mitten in dem grausamen Schauspiel, trat mit einem Mal die Kreszenz lebendig und vollkommen unbeschadet aus ihrer Haustür. Sie würdigte die versammelte Nachbarschaft mit keinem Blick, hob die Hand über die Augen und schaute hinaus über den See. Dort, drüben auf der Insel, passierte jetzt etwas Unerklärliches: Das Untier stieß laute, spitze Schreie aus, drehte sich, stellte sich wütend auf die Hintertatzen und rannte und flog an das Seeufer. Wie von Sinnen streckte es alle drei Köpfe ins Wasser und begann voller Gier zu saufen, es sah so aus, als würde es von einem heiß brennenden Durst verzehrt. Doch kaum hatte es das Wasser in seinen unersättlichen Leib aufgenommen, stieß es noch lautere Schmerzensschreie aus und tanzte wie toll im Kreis herum. Weiße Blasen schäumten aus allen drei Mäulern und in seinen Eingeweiden schien alles zu explodieren. In einem wilden Todestanz stieß es gewaltige Feuer- und Giftwolken aus, aber die wurden mit der Zeit schwächer und schwächer. Der Drache fiel auf die Erde, röchelte noch und löste sich langsam in einen ekelhaft schleimigen Matsch auf.

Ein paar beherzte Burschen waren inzwischen auf den See hinausgerudert und zogen den Kahn mit dem bewusstlosen Quirin ans Ufer. Sie flößten ihm einen Schnaps ein und weckten so ein wenig seine Lebensgeister. Die kropferte Kreszenz kam dazu, hob den bucklerten Quirin aus dem Boot und trug ihn zu ihrem Haus. Stolz trat sie über die Schwelle und schloss die Tür hinter sich. Betretenheit machte sich breit.

Obwohl beide nichts verlauten ließen, reimten sich die Seehausener das Geschehen zusammen: Der Quirin hatte eine Puppe aus Rehhaut und Flachs zusammengenäht und das Innere mit den Hirschgeweihen und dem ungelöschten Kalk gefüllt. Die *äußeren Rehhäute hatte er mit Schweineschmalz und Kamillenblüten bestrichen, um dem Untier eine zarte Jungfrauenhaut vorzugaukeln. Mit dem Sonntagsgewand der Kreszenz hatte er es dann getäuscht, und der Kalk mit dem Wasser am Ende seine tödliche Wirkung ausgeübt.*

Von der Belohnung, die ihm für die listenreiche Tat von der Obrigkeit zugestanden wurde, schneiderte der Quirin der Kreszenz ein prächtiges Sonntagsgewand und hielt um die Hand dieser ehrsamen Jungfer an. Glücklich willigte sie ein und nach kurzer Zeit hielten sie Hochzeit. Diese fiel »bescheiden« aus, denn lediglich die Tiroler Fuhrleute, der Jäger und der Metzger wurden zum Wirt eingeladen.

Die beiden lebten glücklich und harmonisch, die Kreszenz brachte sieben Kinder zur Welt, eines anmutiger, gescheiter und musikalischer als das andere.

Die Erkenntnis, einen Drachen mit einem Köder voll ungelöschtem Kalk überlisten und töten zu können, verbreitete sich von Ort zu Ort, weit über die Grenzen des bayerischen Oberlandes hinaus. Nur so ist es zu erklären, dass auf diese oder ähnliche Weise die Drachen von Laufen an der Salzach, vom Gadriasee[11] *im Vinschgau und von Kronstadt in Siebenbürgen getötet werden konnten, wobei der Kalk dort in der Regel in eine Ochsenhaut eingenäht worden war. Einem Drachen eine ehrwürdige Jungfrau vorzutäuschen, das vermag wohl nur ein buckliger Schneidergesell.*

Seitdem ist kein Bericht von einer neuerlichen Drachenplage mehr bekannt geworden. Die Abbildung eines Drachen ziert das Stadtwappen des nahe dem Staffelsee gelegenen Marktes Murnau.

[11] Der Gadriasee befand sich, der Sage nach, nördlich von Allitz im Gadriatal.

SILURUS BARTL UND DIE SEENIXE AMBROSIA VOM AMMERSEE

m südlichen Ammersee lebte bis vor wenigen Jahren der mächtige Waller Silurus Bartl und die kaum daumengroße Seenixe Ambrosia, eine migrierte Biernixe vom Kloster Andechs.

Silurus war als Jungfisch aus der Ammer zugewandert, hatte auf dem Weg eine Wallerin kennengelernt. In einem unterseeischen Wald aus Ästen, Seegras und Moos hatten sie gelaicht und blieben auch weiterhin beisammen.

Ambrosia aber war eine der Andechser Bierjungfrauen, jener nixenähnlichen Fabelwesen, die dort oben gelegentlich in einem gut gefüllten Bierkrug auftauchen und mit den arglosen Gästen allerhand Schabernack treiben.

Ein Gast hatte Ambrosia einmal vor einigen Jahren in seinem Krug schwimmend entdeckt, legte sofort einen Bierdeckel über den Rand und machte sich mit seinem wertvollen Fang heimlich aus dem Staub. Er hoffte auf einen großen Gewinn, wenn er einen Käufer für eine echte Bierjungfrau finden würde.

Der Gast marschierte – den gestohlenen Krug mit seiner Bewohnerin unter dem Wams versteckt – durch das Kiental hinunter nach Herrsching. Dort angekommen ging er hinüber zum Badestrand, um sich nach der Wanderung abzufrischen. Diese Gelegenheit nutzte Ambrosia: Durch einen tollkühnen Sprung in den Ammersee gelang ihr die Flucht, der Masskrugdieb hatte das Nachsehen, verärgert schüttete er das lacke Bier in den See.

Anfangs war das wässrige Element ganz ungewohnt für Ambrosia. Mit der Zeit gelang es ihr jedoch, sich ihrer neuen Welt anzupassen.

Natürlich ist der riesige Ammersee für eine an die Enge des Masskrugs gewöhnte Bierjungfrau eine gewaltige Herausforderung. Ambrosia aber meisterte dies und mutierte mit der Zeit zu einer Seenixe. Eine Einschränkung gab es allerdings: Sie blieb daumengroß, weshalb sie von den gewöhnlichen Seenixen ignoriert oder sehr von oben herab behandelt wurde. So stand Ambrosia immer ein wenig außerhalb der dämonischen Seegemeinde.

Sie kämpfte sich trotz dieser Widrigkeiten durchs Leben. Wenn Ambrosia ab und zu der Glust nach einem kleinen Schluck Gerstensaft überkam, dann fand sich meistens ein abendliches Feiergelage am See, wo sie sich an Land verstohlen einen Schluck aus einem unbewachten Bierflaschl gönnen konnte.

So lebten Silurus und Ambrosia jahrelang im selben See, ohne voneinander zu wissen. Doch traten unabhängig voneinander zwei Schicksalsschläge ein, die beider Leben veränderten.

Ambrosia hatte sich in einen Wassermann verliebt, nicht wissend, dass Wassermänner recht unzuverlässige Gesellen sind. Es kam, wie es kommen musste: Als sie von dem liederlichen Lebenswandel, seinen Lügen und Betrügereien erfuhr, musste sie sich von ihm trennen und zog enttäuscht vom Herrschinger Ufer gen Süden.

Bei Silurus war es anders: Am südlichen See lebte der »Weiße Mann vom Boot«, ein Fischer. Dieser aber hatte eines unglücklichen Tages seine langjährige Wallergefährtin geködert und ihn so zum Witwer gemacht. Einige Jahre der Trauer waren über diese enttäuschenden Erfahrungen ins Land gegangen, beider Narben waren zwar nicht verschwunden, aber doch verheilt.

Eines schönen Tages sind sich Ambrosia und Silurus über den »Weg« geschwommen, irgendwo in den langsam verlandenden Bereichen der Ammermündung, in der wunderbaren, versunkenen Landschaft von Zweigen, Seegras, Felsen und Moosen. Obwohl beide unterschiedlicher nicht hätten sein können – sie hatten einander gefunden. Es war keine stürmische Liebe, mehr eine tiefe warme Freundschaft, die sie verband.

Trotz seiner Größe war Silurus ein gutmütiger Räuber, der sich hauptsächlich von verletzten Fischen ernährte. Am liebsten waren ihm aber Schnecken und Würmer und als er nach diesen im Schlamm gründelte, entdeckte er zufällig Ambrosia, die dort gerade ein Schönheitsschläfchen hielt.

Eigentlich wollte sich Ambrosia nach ihrer Enttäuschung nie mehr binden. Als sie aber den mächtigen Wallerschädel vor sich sah, mit seinen sechs amüsanten Barteln, der sie mit überraschtem Blick musterte, da geriet ihr Vorsatz ins Wanken. Sie kamen auch gleich miteinander ins Gespräch, entdeckten viele Gemeinsamkeiten und Silurus war äußerst interessiert an allem, was es jenseits des großen Spiegels in der Überwasserwelt so gab. Ambrosia erzählte ihm bereitwillig, was sie wusste, von Seegras, das an der Luft wächst oder von Bergen, die mit gefrorenem Wasser bedeckt sind. Von gehörnten Felltieren berichtete sie und von Zweibeinern, die kaum in der Lage sind, sich im Wasser fortzubewegen und deswegen auf hölzerne Kästen angewiesen sind. Silurus saugte alles in sich auf, er war der aufmerksamste Zuhörer, den Ambrosia sich vorstellen konnte.

Nun sind Waller hochsensible Tiere, die im Wasser die Spuren anderer schwimmender Mitbewohner oder auch anderer Dinge auf große Entfernungen wahrnehmen, sogar riechen können. Deswegen war Silurus immer auf der Hut, wenn er einen gleichmäßigen Wellenstrom verspürte, der näher und näher kam und schließlich verebbte. Er spürte sogar das elektrische Knistern, das entsteht, wenn sich Wasser und Bootsrand aneinander reiben. Es war nämlich der weißbärtige Fischer, der bereits seine Wallerin in die Welt über dem silbernen Spiegel gezogen hatte und jetzt ihm nachstellte. Er legte Köderfische auf dem Grund aus, in denen spitze Haken versteckt waren, um ihn zu fangen. Silurus hielt möglichst weit von ihm Abstand und vermied jede Begegnung.

Seine neue Liebe aber warnte er: »Halt dich vor den Holzkästen fern. In ihnen sitzen bärtige Trolle, die unsereins nach dem Leben *trachten. Erst halten sie dir allerlei Leckereien vors Maul, aber sobald du dich bedienst, ist es um dich geschehn!«*

Leider war Ambrosia ebenso neugierig wie Silurus vorsichtig. Deshalb dachte sie sich nichts dabei, als im südlichen See plötzlich ein neues, unbekanntes Geflecht im Wasser hing, das an Stangen befestigt bis zum Grund hinabreichte. Neugierig schwamm sie daran entlang, hielt sich das eigenartige Gewebe auch vor ihren kleinen Körper und fand, dass sie dieser unbekannte Stoff durchaus vorteilhaft kleiden würde.

Silurus war sehr unruhig an diesem Tag. Sein kleines Seefräulein war nicht aufzufinden und irgendetwas war anders heut im See.

Ambrosia war auf ihrer Exkursion immer tiefer in das Netzwerk eingedrungen und hatte dabei gar nicht gemerkt, dass dieses enger und immer enger wurde. Schließlich blieb sie hängen, gefangen in der Falle, kein Vor und kein Zurück gab es mehr. Verzweifelt ließ sie einen nixenhaften Hilferuf durchs Wasser schwingen.

Pfeilschnell schoss Silurus heran und erkannte sofort die Gefahr: Ambrosia steckte im Trappnetz fest. Zum Glück kam er noch an die Unglücksstelle heran, mit seinen spitzen Zähnen riss er wie wild an den verhängnisvollen Maschen, und – Neptun sei Dank – Ambrosia konnte sich befreien und davonschwimmen.

Die Seejungfrau war entkommen, aber Silurus Bartl musste für ihre Rettung bezahlen: Er war selbst in die Fischfalle geraten, eine Flucht war unmöglich. Traurig schwamm er in seinem Maschengefängnis im Kreis herum, seine Gefährtin konnte ihm nur von außen zusehen, zuwinken und Mut zusprechen. Da näherte sich schon wieder der hölzerne Kasten mit dem weißbärtigen Fischer darinnen, eine große Kraft zog von oben an, immer enger spannte sich das Netz um ihn. Silurus Bartl schlug wie von Sinnen um sich, bis er sich nicht mehr bewegen konnte. Seine Gefährtin aber musste ohnmächtig zusehen, wie ihr Geliebter durch den riesigen Spiegel, der die Wasserwelt von der Luftwelt trennt, entschwand. Ein wildes Aufschäumen, ein letztes Winken mit seiner

Schwanzflosse, dann unheimliche Stille: Silurus Bartl war für immer von ihr gegangen.

Ihr treuer Begleiter war durch ihre Neugier und Unvorsicht ums Leben gekommen. Voller Trauer schwamm sie alleine durch den See. Seejungfrauen haben keine Tränen und wenn, dann hinterlassen diese keine Spuren. Woche um Woche verging, aber ihr Leid wurde noch tiefer als der See. Nichts vermochte mehr, ihre Trauer aufzuhellen und sie aufzuheitern.

Da entschied sich Ambrosia für den letzten Schritt: Sie verwandelte sich selbst in eine riesige Wallerin, schwer wie ein Bierfass und lang wie ein Zweibeiner. Ihre Haut war wunderbar marmoriert, mit breitem Maul und sechs wunderschönen Barteln. Als Fisch schwamm sie entschlossen, aus eigenem Antrieb auf die Falle zu, die der Fischer erneut im See aufgebaut hatte. Immer tiefer geriet sie in das Labyrinth, blieb letztendlich in der Reuse hängen, in der auch ihr Liebster gefangen gewesen war. Sie wollte hinauf zu ihm, zu ihm, wo immer er auch angekommen war!

Das Annähern des Bootes und den Zug nach oben verspürte sie gar nicht mehr. Ihre Rückkehr an die herbstliche Seeluft war das Ende einer großen Liebe im weiten Ammersee.

0 UHR: MITTERNACHT AM SEEUFER

Als ich auf den geschnitzten Drachenkopf am Steg blicke, dreht sich der zu mir und schaut mich mit traurigen Augen an. Es scheint ein sanfter Drache zu sein, keiner von der blutrünstigen Gattung. Von der Vorstellung des ungelöschten Kalkes habe ich einen ganz trockenen Hals bekommen und hole uns zwei Flaschen Bier aus dem See. Wir prosten uns zu, den ersten Schluck lasse ich ganz vorsichtig die Kehle hinunterlaufen. Er bekommt mir wohl und löscht ohne Nebenwirkungen den Durst. Zwölfmal läuten irgendwo Kirchenglocken.

»Die Geisterstund is a nimmer des, was amoi war! Überall is hell, viel zu hell!« Ganz nah hat meine Scheherazade sich an mich gekuschelt. Das hätte ich mir nie vorstellen können, dass ein Wesen, das irgendwann aus den Tiefen des Tegernsees befreit worden ist, so angenehm warmhäutig sein kann.

»Früher warn um Mitternacht no vui mehr Geister unterwegs: Lichter im Moos ham arglose Wandergselln in den Sumpf glockt. Mitten im Moor san Geisterwirtschaftn entstandn, voller Lärm, Musik, Tanz und Kartenspiel, dabei war aber koa oanziger Mensch in dene Wirtshäuser zum sehn.[12]

Wenn sich ein später Heimkehrer verirrt hat, vom rechten Weg wegkomma is, dann hat er Glück ghabt, wenn as Weitwiesenweiberl[13] auftaucht is und ihn aufn rechtn Weg gwiesen hat. Ma is übers Feld ganga und aus dem Nebel hat ma Schwerterklirrn,

[12] Mehr über Geisterwirtschaften kann der geneigte Leser in den *Wirtshaussagen zwischen Alpen und Donau* erfahren, die in diesem Verlag erschienen sind.

[13] Die Geschichte vom Weitwiesenweiberl liest man im 1. Band der Reihe *Sagenumwobenes Bayern*: *Raunachtsagen aus Bayern und Tirol*, der in diesem Verlag erschienen ist.

Schlachtrufe und as Schnaubn vo Rösser ghört. Das warn die unerlösten Seelen von Landsknechte und Soldaten.«

»Lauter arme Hunde, die für irgendeinen Fürsten in irgendeinen Krieg gezogen sind, gegen genau so arme Teufel von einem anderen Fürsten.«

»So is des, Schreiberling!«

»Vielleicht können die Geister das Licht nicht vertragen, die ganzen Laternen und Lampen, die rundumher die Nacht zum Tag machen. Nur die weiße Frau lässt sich dadurch nicht vertreiben. Immer wieder liest man, dass sie an Straßenkreuzungen steht, den Autofahrern zuwinkt, plötzlich auf der Rückbank sitzt und sich ein Stück mitnehmen lässt.«

»Mir kennen uns schon lang, die treue Seel! Sie suacht immer noch nach ihrem Schatz. Verlobt warn sie, er war ein Fuhrmann. Mitsamt seinem Fuhrwerk voller Bierfassl is er verschwunden, mitten im Winter, ohne eine Spur, am Tag vor der Hochzeit, angeblich war er am Starnberger See unterwegs!« Sie lacht sehr wissend. »Fast nicht zu glauben, was in so einem See alles drunt liegt!«

DIE WASSERFRAUEN VOM LANGBÜRGNER SEE

estlich vom Chiemsee liegt mitten in der Eggstätter Seenplatte der Langbürgener See. Der Inntalgletscher, der sich einst vom heutigen Engadin bis hierher erstreckte, rieb sich hier mit dem Chiemseegletscher und hinterließ an dieser Stelle Seen und Toteislöcher, die sich wie Schmucksteine zwischen den Orten Eggstätt und Hemhof gruppieren. Eine einzigartige Landschaft ist aus dem Zerfall neu entstanden, verwunschene Ecken, umwaldete Moorgewässer, Filzen, Feuchtwiesen und Inseln. Der Langbürgner ist das Herzstück dieser Seen, deswegen verwundert es nicht, dass sich die Wasserelfen diesen Zauberplatz als Wohnort ausgesucht haben.

Hier, im Bereich westlich der Insel Neuwelt, hausen einige dieser wunderschönen Wasserfrauen. Sie leben auf einer verzauberten Wiese, die sich aus der Zeit vor dem großen Eis dort erhalten hat. Diese liegt normalerweise tief unter dem Wasserspiegel, die anmutigen Geschöpfe haben sie zu einem lieblichen Garten umgestaltet, unterseeische Zierblumen gepflanzt, verwunschene Grotten angelegt und alles mit Muscheln und Kristallen ausgeschmückt.

Die Elfen füttern die Forellen gerne mit Goldkörnern, die auf dem Seegrund zu finden sind. Der See ist goldhaltig: Bei einer Kuh eines Bauern von einem nahen Gehöft, die aus dem See getrunken hat, sind in einem Fladen auf der Weide Goldkörner gefunden worden. Der Hund eines durchziehenden Schäfers bekam, nachdem er aus dem See getrunken hat, ein goldenes Gebiss.

Wenn man mit einem Boot sanft über den See dahingleitet, kann man die Wiese unter der Wasseroberfläche ahnen, vielleicht das eine oder andere sogar sehen. Und manchmal kann man diese Wunderwiese in Augenschein nehmen, denn in den berauschenden Vollmondnächten im Mai lassen die zierlichen und anmutigen Wesen ihr versunkenes Reich an die Oberwelt aufsteigen.

Dann taucht das Blütengeflecht aus dem Seegrund auf, legt sich plan auf die Wasserfläche und erweckt den Anschein, als bilde es einen festen Untergrund. Wenn das Mondlicht seine Silbermünzen in den See streut, tanzen die Elfen zwischen großglockigen Enzianen, duftender Kamille und betörendem Frauenschuh. Sie klopfen auf altem Holz und Muschelschalen einen wunderbaren Rhythmus dazu, der selbst einem ungelenken Burschen vom Ohr direkt in die Beine fährt und ihm zu harmonischen Bewegungen verhilft. Dazu spielen sie auf Hackbrettern, die mit Saiten aus Seegras bespannt sind, und Flöten aus Weidenholz eine wunderbare Musik. Manche pfeifen auch auf Grashalmen und Schilfrohr dazu. Mit ihren lieblichen Stimmen singen sie weiche, betörende Lieder.

Diese lieblichen Weisen ziehen wie eine Wolke aus Klängen die Hügel hoch zu den Behausungen der Menschen. Doch so harmonisch sie klingen, so gefährlich können sie sein: Für die jungen Männer aus der Gegend gerät der liebliche Gesang der Seejungfrauen zur tödlichen Gefahr!

Nur in diesem jungen Alter, wenn der erste Bartwuchs eingesetzt hat, wenn die Burschen über ihre eigenen Füße zu fallen drohen und unberechenbare Schwermut sie ergreift, dann vermag das Gehör der Halbwüchsigen den Gesang zu vernehmen. Unruhig wälzen sie sich auf ihrer Liegestatt hin und her, wachen schweißgebadet auf, lauschen hinaus in die samtige Luft. Dann erheben sie sich, marschieren los, wie in Trance, hinunter zum See.

Dort spielen die Seejungfrauen ihr gefährliches Spiel: Kaum sehen diese zarten Geschöpfe einen jungen Mann, so winken sie ihn freundlich her und bieten ihm an, mit ihnen zu tanzen.

Doch kommt jener wie verzaubert der freundlichen Aufforderung nach und betritt die magische Wiese, dann weicht plötzlich die Rasendecke auf und er sinkt, von den Armen der Nymphen umfangen, in die Tiefe des Sees. Was jedoch in der Tiefe des Sees geschieht, kann niemand sagen, denn keiner ist je von dort zurückgekehrt.

Auffällig aber ist, dass auf den Seerosenblättern in den Seeausbuchtungen viele Frösche sitzen und abends mit heiseren Klagelauten die seidige Sommerluft zertröten. Ob es sich dabei um die verwandelten Burschen handelt, die mit ihrem Gesang ihre Geschlechtsgenossen vor den Wesen der Tiefe warnen wollen, das weiß keiner mit Sicherheit zu sagen.

DIE UNLEIDL UND DIE KRAUTINSEL IM CHIEMSEE

Im Chiemsee liegen drei Inseln, die Fraueninsel, die Herreninsel und die Krautinsel, nah beieinander. Auf der Herreninsel steht ein Klosterbau der Augustiner Chorherren, das Kloster selbst wurde im Jahr 1803 aufgehoben. Auf der Fraueninsel gibt es ein Frauenkloster, das bis heute existiert. Dazwischen liegt die kleine Krautinsel, die früher ungenutzt und unbebaut dalag. Hier haust zwischen Schilf, See und feuchten Wiesen eine Unleidl.[14]

Nun waren die Augustiner Chorherren kein Orden, der sich ausschließlich auf die mühsame Feldarbeit konzentrierte. Das Arbeiten überließen sie lieber den Klosterbrüdern der Benediktiner. Im Augustiner Chorherrenstift waren sehr viele junge Männer höherer Stände vertreten, die man oft, um Erbstreitigkeiten zu regeln oder adeligen Familienzwisten vorzubeugen, ins Kloster abschob. Ebenso verhielt es sich wohl mit dem Frauenkloster auf der Fraueninsel.

[14] Die Unleidl ist ein übler Geist, der nicht nur im Schilf und nahe am Wasser haust, die Unleidl hat sich über das ganze Land verbreitet. Dabei hat niemand je eine Unleidl von Auge zu Auge erblickt. Eine Unleidl hingegen sieht mit ihren scharfen Augen alles, vor allem das, was sie nie sehen soll. Auch schleicht die Unleidl auf leisen Sohlen durch die Welt, sodass man sie nicht hören kann. Die Unleidl selbst hört hingegen mit ihren geübten Ohren alles, was nicht für sie bestimmt ist. Man muss kaum noch hinzufügen, dass eine Unleidl alles riecht und schmeckt, viel intensiver als es unsereinem möglich ist. Doch was für uns lieblich und angenehm riecht, das widersteht und stinkt ihr. Wenn die Unleidl etwas belauscht hat, verwandelt sie es in ein falsches Gerücht, das sie in Windeseile hinaus in die Welt setzt. Dieses Gerücht zieht wie ein schlechter Pesthauch überall umher. Nur wenn es einen selbst betrifft, dann ist man der Letzte, der davon erfährt. Obwohl die Unleidl kein eigentliches Seeungeheuer darstellt, kann sie doch ungeheuren Schaden anrichten.

Nach getaner Arbeit, nach Messe und Mahlzeiten, fuhren die Mönche und Nonnen gerne zur Krautinsel hinüber, um sich dort zu treffen und ein wenig zu feiern. Sie liebten es, im Sommer hier zu schwimmen und entledigten sich dazu des Habits oder der Kutte, denn das schwere Klostergewand hätte sie in die Tiefe gezogen. Man genoss gemeinsam die weinroten Sonnenuntergänge und sang weltliche Lieder, z.B. das Lied vom Schwan, der sich darüber beklagt, dass er im Rohr gebraten wird.

Die Mönche und Nonnen freuten sich auf der Krautinsel ihres Lebens, schwammen, wie sie unser Herrgott geschaffen hatte, im warmen Wasser herum und ließen sich von Sonne und Wind trocknen. Die Nonnen brachten Setzlinge und Blumenzwiebeln herüber und nach ein, zwei Sommern verlor die Krautinsel ihre Hässlichkeit, erblühte in vielen Farben, und auch die Nonnen und Mönche erblühten.

Doch der Unleidl, die irgendwo auf der Krautinsel hauste, war dieses herrlich freie Leben tief zuwider. Wenn ein Mönch und eine Nonne, die sich gern hatten, ein Paar wurden, schlich sie beiden hinterher und beobachtete akribisch, was sie sich Gutes taten. Jedes Wort, das diese sich am Seeufer ins Ohr flüsterten, belauschte sie. Genauestens führte sie Buch, wenn ein Paar sich mit Freuden einander hingab. Der Ärger darüber ließ ihr die Magensäfte bis zum Schlund hinauf brennen und ihre Ohren pfeifen und sausen. Sie setzte alles daran, das kleine Geheimnis der Mönche und Nonnen der hohen Geistlichkeit zuzutragen und dem Ganzen noch viele Verleumdungen aus der eigenen, böse verdorbenen Fantasie beizumengen. Auf der Krautinsel, die mittlerweile liebevoll von ihren Besuchern bepflanzt war, wuchs eine ungeahnte Blütenpracht. Verwundert rieben sich die Bauern am nördlichen Chiemseeufer die Augen, wenn sie von der Feldarbeit aufblickten und überm See die bunten Blumenfarben erblickten. Einige der Mönche und Nonnen planten bereits, ihrem Kloster den Rücken zu kehren und auf der Krautinsel ein neues, freies und besseres Leben zu beginnen.

Die Kunde von der Urbarmachung und dem freien Leben auf der Krautinsel gelangte durch die üblen Nachreden der Unleidl zu den Kirchenfürsten der Residenzstadt. Diese handelten unerbittlich: Voller Neid erließen sie neue Bestimmungen und Verbote, sie untersagten den Mönchen und Nonnen das Schwimmen im See, und die Krautinsel ließen sie gegen »unbefugtes Betreten« mit einem hohen Zaun absichern. Der Unleidl trugen sie auf, sie solle jeden Verstoß gegen das Gelübde der Keuschheit genauestens beobachten und sofort dem nächsten Kirchenamte melden.

So endete das freie Leben der Mönche und Nonnen vom Chiemsee. Auf der Krautinsel wachsen seitdem nur noch Gras, Buschwerk und Uferbäume. Die Seelen der freien Mönche und Nonnen sind – so heißt es – auf den am südlichen Seeende aufsteigenden Kaiserberg gebannt. Wenn die dorthin Gebannten aufwachen und sich ihrem freien Spiel zuwenden, dann zieht ein kräftiger Wind über den See, treibt die Wellen hoch und erfreut so die Surfer und Segler.

PANDUREN IM STARNBERGER SEE

n einer üblen Zeit trieb sich eine Schwadron zügelloser Panduren[15] *in der Gegend von Ambach herum, plünderte und brandschatzte erbarmungslos in den schutzlosen Gehöften am Ostufer des Starnberger Sees.*

Die Soldaten suchten auch den Ambacher Fischer heim, es war am Ende des Winters 1748, aber der See war noch gefroren. Am gegenüberliegenden Ufer lag das Kloster Bernried, und den ungarischen Reitern stand die Gier nach den dort zu raubenden Kirchenschätzen förmlich ins Gesicht geschrieben.

»Führ uns hinüber«, befahlen sie dem jungen Fischersohn Mathi, der schon in Handfesseln gebunden da stand.

»Nur wenn ihr meine Schwester verschont«, versuchte der Bursch zu verhandeln, die Panduren lachten hämisch über diese verzweifelte Bitte, gingen aber zum Schein darauf ein.

Noch lag der See von Eis bedeckt im letzten Abendlicht. Die Winterkälte hatte Ende Februar schon an Kraft eingebüßt, der erste Frühlingswind war zu spüren. Beim Blick hinüber auf die

15 Im Jahre 1743 waren die Österreicher in Bayern eingefallen. Die Ansprüche auf den österreichischen Thron durch bayerische, spanische und sächsische Thronanwärter hatten den Österreichischen Erbfolgekrieg ausgelöst. Den Österreichern zur Seite kämpften mitleidlos und grausam die aus Ungarn stammenden Panduren, ein gefürchteter Reiterhaufen. Es kam zu vielen grausamen Gefechten zwischen diesen marodierenden Soldaten und bayerischen Truppenteilen. So steht bei Oberaudorf im Inntal eine Linde an der Straße nach Fischbach. Hier kam es zwischen bayerischen Soldaten und Panduren zu einem Scharmützel. Drei der bayerischen Husaren wurden von den »Dolpatschen«, wie die wilden, fremdartigen Reiter auch genannt wurden, niedergemacht und noch lebend unter der Linde begraben. Seitdem treten dort Geisterlichter in Erscheinung.

Zugspitz und das Wettersteinmassiv zeigten sich linsenförmige Wolken. Felsen und Rinnen lagen zum Greifen nah. Untrüglich waren die Zeichen: Der Föhn würde heut Nacht hereinbrechen. Der Mathi hatte Namenstag, »Mattheis« fällt auf den 24. Februar, und jeder am Seeufer kannte die uralte Bauernregel: »Taut es vor und auf Mattheis, geht kein Fuchs mehr übers Eis. Mattheis brichts Eis.«

Doch die Panduren wussten nichts von den hiesigen Bauernregeln und die Goldgier trübte ihren Blick auf das umschlagende Wetter. So trieben sie den Mathi an loszugehen. Er umarmte im Weggehen noch seine Schwester. »Gnad uns Gott, wenn die zurückkommen!«, flüsterte sie ihm leise zu.

»Die kommen nicht mehr«, antwortete er lächelnd, mit einer Träne im Auge.

Der Mathi ging los, am Bootshaus vorbei und hinaus auf den See. Die Reiter folgten ihm und trieben ihn zur Eile an.

›Wir kommen noch früh genug an‹, dachte der Mathi bei sich.

Da, schlagartig änderte sich das Wettergeschehen: Vom Gebirge her setzte ein Föhnwind ein, kam immer stärker auf, bis er sich zum Sturm entwickelte. Die kalte Luft über dem See blies er hinaus und davon, und mit seiner Energie fing er an, das Eis wie in einem Wärmeofen aufzutauen. Ein Bersten und Knacken. Knirschen und Schieben kam in Gang, das Eis zerbarst wie Glas, verwandelte sich in ein brüchiges Spinnennetz, begann zu schwingen und zu tanzen. Die Pferde wieherten todesahnend auf und stürmten los, lösten aber dadurch einen Wellenschlag aus, der sich unter dem Eis weiter fortsetzte. Der Mathi hatte die Reiterschar absichtlich zu einer dünnen Stelle geführt, unter der eine tiefe Quelle das Wasser am Strömen hielt und von der sich jeder Kundige fernhielt.

Unter wirren Kommandorufen versuchten die Panduren in alle Richtungen davonzujagen, aber die Pferde brachen im dünnen Eis ein, versuchten sich angstvoll über Wasser zu halten. Der

Föhnwind trug das Krachen und Bersten, das Wiehern und Schreien bis nach Starnberg hinüber. Eisschollen zerbrachen unter der Last von Ross und Reitern, kippten zur Seite, dann war Stille: Das Wasser schloss sich über der gespenstischen Szenerie. Die Panduren und der Mathi sanken hinunter, bis sie sanft auf dem Seegrund aufsetzten.

In Amberg beim Fischer erzählt man sich, dass die Panduren heut noch drunten als Skelette im Sattel auf ihren Pferden sitzen. Dem Mathi wurde, solange das Kloster Bernried bestand, jährlich ein Gottesdienst abgehalten. An Mattheis soll man noch heute eine Reiterschar wie eine Lichtwolke über den See ziehen sehen.

»Alles fließt!«, meint das Rockadirl philosophisch. »Das Wasser fließt, die Zeit fließt. Zumindest gilt das mit der Zeit für dich, Schreiberling. I leb neben der Zeit, das macht vieles einfacher. Wia gesagt, das Wasser hängt zusammen, trennt sich und findt sich wieder, immer in Bewegung, der Schwerkraft nach von der Quelle bis zum Meer.

Aber nicht nur in den Seen drin, auch in den Flüssen hausen seltsame Wesen. Pass auf! Stör sie net, sonst kann's dir recht nass neigeh!«

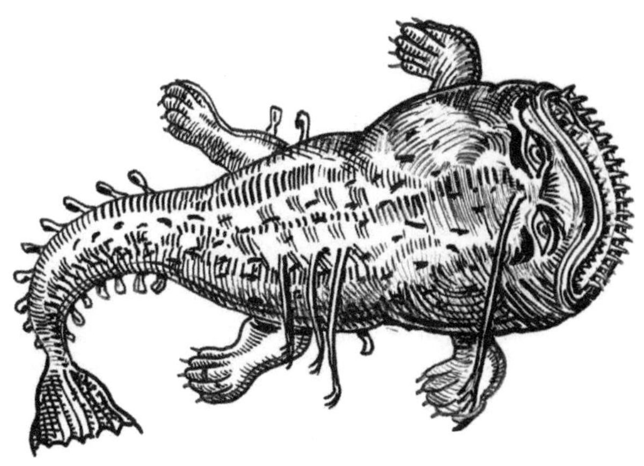

DER FEURIGE TATZLWURM IN DER ASCHAUER KLAMM

wischen Oberaudorf im Inntal und Bayrischzell im Leitzachtal liegt unterhalb des Sudelfelds eine Ausflugswirtschaft, die den Namen »Zum feurigen Tatzlwurm« trägt. Kein Zufall ist diese Namensgebung, denn oberhalb des Gasthauses, in der »Aschauer Klamm« hauste einst ein furchterregendes Ungeheuer. Es lauerte voller Heimtücke irgendwo in den Gumpen oder hinter den Wasserfällen, in den Strudeln oder den Kehrwassern, die der Aschauer Bach bei seinem Fall durch die enge Felsenschlucht bildet. Schimmert auch der Regenbogen in den Schleierwolken des aufstäubenden Wassers noch so friedlich, tief drunten tobt das Wasser seine ganze ungebändigte Kraft aus, so unheimlich, furchterregend und laut, dass einem beim Hinunterschauen ganz klamm wird.

Hier war einstmals der Tatzlwurm daheim. Sein krokodilähnliches Maul war mit einer Reihe messerscharfer Zähne gespickt, seine sechs kräftigen, kurzen Beine endeten in spitzen, messerscharfen Krallen. Sein schuppiger Panzer glänzte in allen Farben, meist in Varianten von Moosgrün bis Tieftürkis. Durch diese Tarnfarben lauerte er gut versteckt zwischen Wasser, Moos und Flechten in der Klamm. Erst wenn er Feuer aus seinen Nüstern blies, reflektierte der Panzer den Schein und das Untier färbte sich wie die Esse des Schmieds. Dann war es zu spät für jeden, der arglos hier unterwegs war.

Mit Vorliebe stürzte er sich auf wandernde Pilger, Kaufleute und Handwerksgesellen, zerfleischte und verschlang sie mit Haut und Haaren, sodass von den Ärmsten nicht der geringste Überrest mehr zu finden war. Auch verschwanden von den umliegenden Almen immer wieder Sennerinnen spurlos, sodass keine andere

Erklärung für ihr Verschwinden gefunden wurde, als dass der Tatzelwurm die Unglücklichen gerissen und verspeist hatte.

Woher aber haben wir so genaue Kunde über das Aussehen des Tatzlwurms, wo er doch alle, die ihm zu nahegekommen sind, gefressen hat? Warum ist er so lange nicht mehr gesichtet worden? Ob er vielleicht nur in einen langen Schlaf verfallen ist, aus dem er eines Tages wieder aufwacht? Ob er vor dem zunehmenden Touristenstrom und der Erschließung des Sudelfeldes geflohen ist, den Auerbach hinab, den Inn hinunter bis zum Schwarzen Meer? Ob der Tatzlwurm noch lebt, das weiß letztendlich nur der Tatzlwurm selbst.

DIE FLUSSPIRATEN VON TEUFELSBRUCK AM INN

ngefähr zehn Kilometer innabwärts von Wasserburg liegt über dem steilen Flussufer der kleine Ort Teufelsbruck. Der Sage nach soll dort der Teufel einmal drei riesige Felsen in den Fluss geworfen haben, weil er an dieser Stelle mit weiten Sprüngen ans gegenüberliegende Ufer gelangen wollte. Er hatte vor, dort im altbayerischen Kernland die Seelen der rauflustigen, trinkfreudigen und hinterfotzigen Burschen zu holen.

Als bald darauf einige Fährleute an diese Stelle kamen, gerieten sie in unheimliche Strudel, gefährliche Blockaden und Untiefen, die durch den Teufelswurf entstanden waren. Eine schwer beladene Flussplätte zerschellte an den Felsen, eine weitere schlug um und die armen Fährleute ertranken. Lediglich ein Bootsführer konnte sich ans Ufer retten. Er rannte auch sogleich flussaufwärts, um die nachfolgenden Schiffer vor der drohenden Gefahr zu warnen. So konnte er weiteres Unglück verhüten.

Eine weitere Sage erzählt, an dieser Stelle hätte ein übles Raubrittergeschlecht gehaust. Quer über den Inn hätten sie eine schwere Eisenkette gezogen, die versteckt auf dem Flussboden lag. Wenn sich ein Schiffszug näherte, dann hätten sie diese Kette angespannt und so den Fluss versperrt. Erst nach Zahlung eines Wegezolls wäre die Kette wieder gelöst und die Weiterfahrt auf dem Wasserweg ermöglicht worden.

Reste der Kette liegen angeblich unterhalb des 1923 erbauten Kraftwerks Teufelsbruck im Fluss. Auch sollen noch Schätze von untergegangenen Plätten und Flößen drunten im Schlamm zu finden sein.

1 UHR: ENDE DER GEISTERSTUNDE

Ein einzelner Glockenschlag: Die Geisterstunde ist vorüber. Auf dem gegenüberliegenden Uferweg nähert sich ein Liebespaar, glaubt sich in dieser warmen Augustnacht unbeobachtet. Die beiden ziehen sich aus, steigen nackt in den See, der glatt und ruhig daliegt wie ein Spiegel, und schwimmen ein Stück hinaus. Leise lachend und frierend kehren sie ans Ufer zurück, hüllen sich in ein Handtuch, umarmen sich, wärmen sich und halten sich fest. Oben am Himmel gibt es passend dazu ein kleines Sternschnuppenfeuerwerk.

»Jetzt aber heim ins Bett«, sagt das Rockadirl und lacht ein bisserl zu anzüglich angesichts der Zärtlichkeit, in die die beiden versunken sind. Vielleicht haben sie sich heute kennengelernt? Vielleicht haben sie sich heimlich davongeschlichen, hier am Seeufer getroffen?

»Nachts nicht schlafen können ...«

Meine Erzählerin blickt nachdenklich verträumt auf den See hinaus. »Hast du gwusst, euer König, du weißt schon, der dann im Starnberger See ertrunken ist. Ludwig, der Zweite! Euer König Ludwig hat oft nicht schlafen können, weil ihn seine Fantasien so plagt ham. Fantasien, verbotene Liebschaften oder seine schlechten Zähn. Er hat immer die Bergeinsamkeit gsucht, auf dem Schachen drüben, hoch über dem Oberreintal. Oder dort im Karwendel am Soiernsee.«

»Soyensee – bei Wasserburg?«

»Die Kelten ham damals zu jedem See Soyen gsagt und zu jeder Insel Wörth. Über dem Soiernsee im Karwendel hat euer König Ludwig eine Jagdhütte bauen lassen. Wunderbar gelegen, mitten im Kessel unterhalb der Soiernspitz. Er selber is hoch zu Ross naufgritten, wie sich das für einen König gehört. Seine Diener san inzwischen über den Lakaiensteig naufgstiegn, damit sie alles ham herrichtn können, wenn der König ankommen is. Könige san ja oft recht unselbständig und ham fürs Praktische wenig Sinn. Und unterhalb der königlichen Jagdhütte liegt der Soiernsee.«

Das Rockadirl steht auf, ihre Augen nehmen eine schwärmerisch entrückte Stimmung an, sie stellt sich in königlicher Pose vor mich und zitiert:

»Ich richte diese Zeilen von der Soiernhütte an dich, liebe Elisabeth! Es ist dies meine am höchsten gelegenste Berghütte, in der Nähe liegen zwei allerliebste smaragdgrüne Seen, die ich auf einem kleinen Segelboote befahre, wo ich viel der Lektüre mich widme. Ich ritt gestern zu Tisch hinauf ...«

Nach dieser kurzen Kini-Show nimmt sie wieder nahe bei mir Platz. »Manchmal hab ich mich in die Felsen gsetzt und ihm beim Segeln zugschaut. Er hat oft noch Bergfeuer entzünden lassen, der junge, unglückliche Romantiker. Dann hab ich ihm da droben ein Lied gsungen. Es hat ein wunderbares Echo zwischen den Karwendelwänden. Der König hat die Augen zugmacht und sich meinem Gesang ergeben. Und wenn er am nächsten, späten Nachmittag nach dem Aufwachen erzählt hat, dass er eine wunderschöne Stimme aus den Felsen gehört hat, dann hams alle leise geraunt: ›Schön is er, aber a bisserl spinna tuat er scho, da Kini!‹»

Das Liebespaar hat sich angezogen und entfernt sich vom Ufer, irgendwohin. Die drei Schwäne sind erwacht, putzen ihr Gefieder und strecken voller Grazie ihren Hals. Ein Schwan streckt seinen Schnabel nach vorne und flüstert dem Rockadirl etwas ins Ohr. Meine Begleiterin gurrt zurück.

»Sie wolln ihre Gschicht hörn«, erklärt mir das Rockadirl. »Sie san extra vom Königssee hierher geflogn. Schwäne san äußerst romantisch veranlagt!«

DIE WILDFRAUEN VOM KÖNIGSSEE

ine Gschicht aus alter Zeit[16]
Längst vergangen, fern und weit
Die erzählt vom weißen Gold
Das man tief im Berg drin holt …

Manchmal des Nachts hört man zwischen dem Königssee, der Stadt Reichenhall und dem salzburgischen Hallein ein dumpfes Schürfen, ein Schlagen, ein Schieben und Rumpeln tief aus dem Inneren des Bergs. Das sind die Salzmanderl, die dort seit Jahrtausenden ihr Werk tun. Für den, der genau hinhört, singen sie ein altes Lied:

Aus dem tiefen dunklen Schacht
Wird das Salz zum Licht gebracht.
Salz rinnt weiß durch die Hand
Und bringt Wohlstand übers Land.
Weißes Gold rollt durchs Land …

Der Lenz war ein armer Bub, aus dem Salzburgischen gebürtig. So jung war er, dass ihm grad noch kein Barthaar auf den Wangen gewachsen ist, aber schon alt genug, dass er sich allein durchs Leben hat schlagen müssen. Schlimme Zeiten waren es, der Schwarze Tod ging um und nahm auch dem Lenz seine Eltern viel zu früh mit sich. Holzfäller sind die Eltern gewesen und so war der Bergwald dem Lenz von Kind an vertraut wie ein guter Freund. Ganz allein ist er als Waisenkind herumstrawanzt, durch Berg und Tal, und ernährt hat er sich von Beeren und Pilzen.

[16] Nach einer Sage aus Berchtesgaden.

Zum Glück lief er eines Tages im Wald einem kräuterkundigen Weib über den Weg und weil die alte Frau in der Brust ein Herz und keinen Stein hatte, erbarmte sie sich seiner. Ihr war bekannt, dass der Jäger einen tüchtigen Gehilfen suchte, darum führte sie ihn dort hinüber, zum Jägerhaus, und überredete den Jäger, ihn als Gehilfen anzunehmen.

Der Jäger erkannte gleich, dass sich der Lenz geschickt anstellte und ihm der Wald ebenso vertraut war wie sein Hosensack. So bot er ihm gegen Holzsammeln und Holzhacken ein Dach über dem Kopf an, dazu Suppe und Brot zum Sattwerden.

Der Lenz schlug ein, das war allemal besser, als im eisigen Winterwald zu erfrieren, und er ließ sich nicht zweimal bitten, wenn er hat hinlangen müssen. Als dann die Jagdhündin einen Wurf junger Welpen gebar, da schloss der Lenz einen von den jungen Hunden in sein Herz. Der Jäger bemerkte es auch und übergab ihm den Rüden zum Aufziehen und Abrichten. Von dem Tag an hingen der Lenz und der schnelle, gelehrige Stux aneinander wie die Nacht und der Mond.

Fünf Winter und fünf Sommer gingen übers Land, die Zeiten wurden wieder besser, der Bub war inzwischen hochgewachsen, hübsch anzusehen und wohlgewandt. Jeder im Tal kannte ihn und sein Stux ging ihm niemals, auch nur eine Handbreit, von der Seite.

Nun hatte der Jäger eine Tochter, Annamirl hat sie geheißen. Sie war zwei Jahre jünger als der Lenz. Die ersten Jahre hatte er sie nicht so recht beachtet, doch als sie zu einer jungen Frau herangereift war und ihre Schönheit von innen erblühte, da fuhr es wie ein Blitz vom Scheitel abwärts durch den Leib vom Lenz. Er rieb sich die Augen, schlug sich an die Stirn, denn er konnte sich nicht erklären, warum er ihre Anmut noch nie wahrgenommen hatte.

Verliebt war er von dem Moment über beide Ohren. Es dauerte aber dann eine Zeit lang, bis die Annamirl sich seinen verlegenen Blick, seine Schweißperlen auf den Lippen und sein plötzliches

Stottern erklären konnte. Dann aber erglühte auch sie, in heimlicher Liebschaft erwiderte sie seine Gefühle. Und weil beide gerne Lieder anstimmten und die Natur sie mit schönen Stimmen beschenkt hatte, sangen sie sich ihre Liebe leise zu:

Annamirl, Zuckerschnirl, du warst mir grad recht.
Hemadlenz, Hosenstenz, gfoist ma a net schlecht!
I schau di scho gern o, du warst da rechte Mo,
Doch was da Vater sagt, hob i net gfragt.

So zwiesangen die Verliebten bei ihren heimlichen Treffen. Aber der Jägervater hatte Wind von ihrer heimlichen Liebschaft bekommen und die Hin- und Herturtelei der beiden belauscht. Und weil der Jäger auch nicht auf den Mund gefallen war, stutzte er in seinem Brass den Lenz ein für alle Mal zurecht:

Du Hungerleider, du Krautschneider,
Du Nixhaber, du Stoagraber,
Du Notnickel, du Senfwickel,
Bist grad da Knecht –
Fürs Annamirl, fürs Annamirl,
Bist ma du z'schlecht!
Annamirl ins Haus, kommst mir net aus!

So war es: Weil der Lenz für die Hochzeit mit einer Jägerstochter zu arm war, jagte ihn der Alte davon. Zum Abschied rief der Lenz noch einmal traurig:

Annamirl, Zuckaschnirl, i bin dahi ...

Und das Annamirl erwiderte leis:

Hemadlenz, Hosenstenz, i wart auf di.

Das machte dem Lenz den Abschied ein wenig leichter.

Die wenigen Habseligkeiten waren schnell im Rucksack verstaut, der Stutzen, der ihm vom Vater geblieben war, gleich aus dem Versteck geholt. Auf einen Pfiff war der Stux an seiner Seitn und die beiden schritten aus, hinauf in den Bergwald. Dort weit oben hatte er sich vor einiger Zeit schon einen Rindenkoben gebaut als Unterstand gegen Wind und Regen und als Schlafstatt für sich und den Stux.

Später, in der Nacht, zeigte der Hund vom Lenz plötzlich etwas an, ganz leis, um kein Wild zu verbellen. Mehr ein Stupsen und Knurren war es, aber hellwach machte es den Lenz. Er griff nach den Stutzen und Stux und nahm die Fährte auf. Auf Edelwild hoffend verfolgte er die Spur. Immer weiter entfernten sie sich von der Hütte, aber kein Wild war aufzuspüren.

Unbekannter und fremder wurde die Landschaft, in diesem Tal war er noch nie gewesen, und mit einem Mal gelangte er zu einem weiten, unergründlichen See. Voll Verwunderung setzte er sich ans kiesige Ufer und ließ seinen Blick übers Wasser hinausgleiten:

A riesiger See,
Wia a Saphir.
Tiaf wia a Bergwerk
Liegt er vor mir.

Er konnte sich kaum satt daran sehen, der Lenz. Er wusste nicht einmal, dass der See Königssee heißt.

Da sah er drei Schwäne auf sich zuschwimmen. Kurz vor dem Ufer tauchten die Schwäne unter und als sie wieder an die Oberfläche kamen, da hatten sie sich in drei Wildfrauen verwandelt, direkt vor seinen Augen!

Und da erzählte ihnen der Bursch von seiner unerfüllten Liebe, von seiner Armut und dass er immer ans Annamirl denken müsse und sie auch an ihn, das spüre er. Da haben die drei Wildfrauen gelacht und ihr Lachen klang so luftig wie gesponnenes Glas und sie trösteten ihn und hauchten: »Hab keine Angst und geh mit uns.«

Und sie nahmen ihn zwischen sich, hakten ihn unter und glitten mit ihm einfach in den See hinein.

> *Tauch mit nunter, trau di nur, aufm Grund vom See.*
> *Siegst die Kieselstoana liegn, aufm Grund vom See?*
> *Kieselstoana san aus Gold aufm Grund vom See.*
> *Mach dir deine Taschn voll aufm Grund vom See!*

Der Lenz nahm es gar nicht recht wahr, als er mit den drei Wildfrauen unter den Wasserspiegel hinunter bis auf den Grund des Sees absank. Dort auf dem Seeboden lagen Kieselsteine – aber die waren aus reinem Gold. Die Wildfrauen bedeuteten ihm, dass er sich den Hosensack damit auffüllen solle. Daraufhin geleiteten sie ihn wieder hinauf und zum Ufer, wo ihn der Stux außer sich vor Freud begrüßte. Zum Abschied nahmen ihm die drei Wildfrauen das feste Versprechen ab, niemandem von ihrer Existenz zu erzählen. Dann verwandelten sie sich in drei Schwäne zurück, putzten und säuberten ihr Gefieder und zogen übers Wasser davon, voll Anmut, als ob nichts geschehen wäre.

So schnell er konnte, lief der Lenz zurück ins Jägerhaus und zeigte dort seinen Schatz her. Der Alte, den ein schlechtes Gewissen gedrückt hatte und der den Trauerblick und das Schweigen vom Annamirl nicht mehr aushalten konnte, war froh über die glückliche Wendung. Seufzend erteilte er den beiden die Einwilligung zur Hochzeit.

Doch wer das Glück gewonnen hat, der muss sich um den Neid nicht sorgen. Überall im Tal fing man an, sich das Maul über den plötzlichen Reichtum vom Hemadlenz zu zerreißen. Erst überhörte es die Annamirl, doch die Ungewissheit nagte in ihr und ein leiser Argwohn stieg auf. Sie wollte einfach Gewissheit haben, wo sein Reichtum herstammte. Der Lenz aber hielt sein Schweigen:

Was ma versprocha,
Des wird net brocha.
Tua mi ned plagn,
I deafs net sagn.

Doch die üble Nachrede zog wie ein Gifthauch durchs Tal. Von Raub und Totschlag hörte man raunen. Annamirl litt schwer darunter, drum bedrängte sie den Lenz immer wieder:

Hemadlenz, Hemadlenz, sags mir ins Ohr!

Annamirl, Annamirl, i deafs net doa!

Du musst mir alles sagn, muaßt koa Geheimnis ham,
Bin doch dei liabs Weib, schweig für alle Zeit!

Da schenkte das Annamirl nach einer schönen Stunde, wo die beiden sich ganz nahgekommen waren, dem Lenz einen Schnaps ein und dann noch einen und noch einen. Und als sie im Bett beieinanderlagen, fragte sie ihn wieder danach und da konnte er sich nicht mehr verwehren und erzählte ihr von den drei Wildfrauen und vom Gold auf dem Grund des Sees. Daraufhin stand sie auf und fasste in die Goldtruhe hinein. Doch als sie ihre Hand wieder herauszog, lagen nur mehr Kieselsteine darin.

Sofort zog sich der Lenz an, pfiff dem Stux und jagte davon. Das Annamirl heulte Rotz und Wasser und wusste nicht, was geschehen war. Wieder lief der Lenz zum Ufer des Königssees hinüber. Er musste nicht lang warten, da glitten die drei Schwäne über den Wasserspiegel und verwandelten sich wieder in die drei

Wildfrauen. Noch einmal wollten sie dem Burschen helfen. Sie führten ihn aber nicht mehr zum Goldgrund hinunter, sondern gingen mit ihm am Ufer entlang bis zu einem versteckten Eingang, der ins Innere des Bergs hineinführte: Ein honigfarben leuchtendes Salzlager lag dort, das von den Tiefen des Urmeeres in den Höhlen des Bergs erhalten geblieben war. Und der Lenz sah in den Stollen und Gängen viele kleine Bergleute, die im Licht der Kerzen und Fackeln das Salz aus dem Berg schürften, und das waren die Salzmannderl.

Salzstoana haun, Salzstoana schlagn,
Tiaf drin im Berg.
Salzstoana fahrn, Salzstoana tragn,
Is unser Werk.

Und die Wildfrauen schenkten dem Lenz noch Hammer, Haue und ein Licht und eröffneten ihm damit den Weg zum Salz. Und so ist nach dem verlorenen Gold das Salz eine ergiebige Quelle des Wohlstands geworden – für ihn und seine Nachkommen.

2 UHR: KÄUZE UND ANDERE NACHTEULEN

Als ich aufschaue, sind die drei Schwäne verschwunden. Doch oben überm Wallberg sind drei eigentümlich geformte Wolken zu sehen, die sich sogar gegen den Wind bewegen.

»Glück hat er gehabt, der Lenz, dass er so verliebt war ins Annamirl, sonst hätten ihn die drei Wildfrauen auch als Liebesgefangenen gehalten und solang liebkost, bis er ohnmächtig am Boden gelegen wär. Aber gegen eine echte, tiefe Liebe kommen sie nicht an, die drei.«

Sie streicht über das Pergament. Da, ein großer, dunkler Schatten gleitet aus dem Nichts kommend über mich hinweg, ich spüre einen Wind, das Wesen streift mich fast. Der Schreck macht mich hellwach. Der Schatten gleitet hinüber zu einer alten Trauerweide und verschwindet in ihren nachgiebig herunterhängenden Zweigen. Ein warmer, dunkler Ruf ertönt. Gott sei Dank nur ein Kauz!

»Jetzt erschrickt er vor einem Kauz, dabei is des doch bloß a Nachtvogel, a bisserl verschroben, a bisserl komisch vielleicht. So wie du, oder?«

»Ich bin doch nicht komisch! Ich bin halt eher ein Tagmensch, kein Nachtjäger!«

Warum werden Käuze mit dem Attribut »seltsam« versehen? Weil sie nachts alleine umherstreifen? Weil sie sich tarnen, kaum von ihrer Umgebung abheben? Weil ihr Ruf als ein Gesang voll Melancholie und Einsamkeit in unser Herz dringt?

»Ja, ja, seltsame Vögel hausen oft irgendwo in der Filzen oder im Moor rund um unsere Seen. Schräge Vögel auf zwoa Haxen, manchmoi gutmütig, manchmoi aber recht hinterfotzig. Im Moor haben sie ihr Ruah, wern net gstört und machan des, was eahna gfoit.«

Das Rockadirl antwortet dem Kauz, der reagiert aber nicht einmal auf sie, hängt wahrscheinlich seinen eigenen Gedanken und Träumen nach ...

DER TAUCHER IM AMMERSEE

ngeklagter, trete er vor«, rief der Richter und musterte mit einem durchbohrenden, verächtlichen Blick den jungen Joseph aus Wartaweil. Wie viele von diesen Burschen hatte er schon vor seinem Tisch gehabt, gebunden und geschlagen, weil sie das gute Recht des Barons mit Füßen getreten hatten. »Gottgegeben« war der Herr Baron der »Fürst der Wälder«, nicht diese dahergelaufenen Bauerntölpel, die angeblich aus Hunger, in Wirklichkeit aber aus reiner Jagdleidenschaft den Hochwohlgeborenen das Wild vor der Nase wegschossen. Unlängst hatten sie sogar die fetten Forellen und Brachsen aus den herrschaftlichen Gewässern gefischt, was für eine Ketzerei! Ein Exempel gehörte hier statuiert, damit all die anderen jungen Burschen das Fürchten lernen sollten. »Wilddiebstahl und Frevel gegen die Obrigkeit! In den Kerker lass ich ihn werfen. Da soll er drin schmoren, bis er schwarz wird und seine Übeltaten bitter bereut. Erst als alter Mann kommt er wieder frei, dann kann er den Würmern und Schnecken nachjagen!«

Den Joseph packte die Furcht: Hatte er zu viel aufs Spiel gesetzt? Die Bauern waren ihm immer dankbar gewesen, wenn er heimlich am frühen Morgen an die Tür geklopft hatte, den frisch geschossenen, noch warmen Rehbock über der Schulter. Es war aber nicht nur die Linderung der Not und der Schutz der bäuerlichen Felder, die ihn zum Jagen antrieben, es war auch die reine Leidenschaft. »Meine Haxen rennen von allein in der Nacht in den Wald hinein und der Stutzen springt mir direkt an in den Arm. Da kann ich selber nur noch mitgehn!«, so hatte es der Joseph in der Wirtschaft den anderen Burschen erzählt. Die bekamen gleich leuchtende Augen: »Nimm uns mit!«, flüsterten sie vom Jagdfieber gepackt.

Das hatte der Joseph getan. Eine richtige Treibjagd hatte er mit seinen Komplizen veranstaltet. Einen Hirschen, vier Rehe und zwei Sauen hatten sie in dieser Nacht erlegt. Aber dass der Joseph zum Spott dem Baron das Hirschgeweih vor das Schlosstor gelegt hatte, das war unvorsichtig, noch dazu, wo dieser die feine Jagdgesellschaft aus der Residenz eingeladen hatte. »Bringt mir den Saukerl!«, hatte er seinen Jägern befohlen. »Aber leben soll er noch, wenn er hier ist. Vor Gericht gehört der!«

Die feine Jagdgesellschaft hatte bei ihrer Treibjagd das Nachsehen, denn der Wald war leer geschossen und der Baron entsprechend blamiert. Dazu noch das heimliche Grinsen der Treiber, die genau wussten, in welchen Kellern das Wildfleisch versteckt war. Der Baron tobte vor Wut, doch Genugtuung ergriff ihn, als seine Jäger den Joseph stellen konnten. Jetzt war es an der Zeit, dass der Richter sein hartes Urteil verkündete. Ein zustimmendes Nicken schickte er hinüber, als der Richter anhob, den Kerl zu schwerem Kerker zu verurteilen.

Doch da stand auf einmal der Bruder Eustachius aus dem nahe gelegen Kloster Andechs auf. Er war weniger ein genussvoller Mönch, mehr ein verschrobener Gelehrter, der mit eigenartigen Glasinstrumenten den Himmel absuchte und aus Messing und Gold Instrumente zu seiner Vermessung baute. Ausgerechnet der, dem man nachsagte, dass er zu sanft mit den lutherischen Abtrünnigen umsprang, der erhob seine Stimme: »Verzeiht, ihr edlen Herrn, wenn ich das Wort ergreife. Die Schuld des Angeklagten ist klar dargelegt, aber ist es im Sinne der Herrn und des Gemeinnutzes, wenn er im Kerker schmort? Er könnte den Schaden auf andere Art wiedergutmachen. Darf ich dem hohen Gericht einen Vorschlag unterbreiten?«

Richter und Baron wollten es sich mit der Geistlichkeit nicht verderben und zogen sich mit dem gelehrten Bruder zur Beratung zurück. Noch bevor die Mittagsstunde eingeläutet war, betraten sie wieder den Gerichtssaal:

»Dank der Fürsprache des hohen geistlichen Herrn gibt man

ihm, dem Malefikanten, gnädigerweise eine letzte Möglichkeit, dem Kerker zu entrinnen«, sprach der Richter. »Wenn er bereit ist, bei Gefahr für sein Leben in einem Glasballon in den Ammersee hinunter zu tauchen und zu ergründen, ob auf seinem Grund ein riesiger Lindwurm haust, der eine Gefahr für unser aller Leben wäre, so soll ihm der Kerker erspart bleiben!«

Der Joseph zögerte ein wenig: Tief in den See hinunterzutauchen und womöglich von einem Ungeheuer verschlungen zu werden oder im Verlies zu schmachten, was war besser? Fauliges Wasser, schimmliges Brot und vielleicht ein sonntäglicher Rattenbraten, über einer Wachskerze zubereitet, würde er das aushalten? Obwohl es ihm vor tiefen Gewässern immer ein wenig

unheimlich war, nahm er nach kurzer Bedenkzeit das Angebot an. Freiheit oder Tod: »Lassts mi in den See nuntertaucha, i probier's!«

»Und ihr müsst uns und dem geistlichen Herrn aufs Genaueste berichten, was ihr dort erblickt, und sei es noch so grausig!«

Der Tag des gefährlichen Experiments war gekommen. Am Seeufer war alles versammelt, was auf eigenen Beinen gehen und stehen konnte. Bis von Dießen, Landsberg und Augsburg waren Schaulustige angereist. Keiner wollte es versäumen, die Wahrheit über das Ungeheuer im Ammersee zu erfahren.

Zwei Ruderboote, zwischen denen eine Plattform fest vertäut war, lagen schon mitten im See. Auf dem verbindenden Holzsteg stand eine mannshohe Glaskugel, die extra aus dem Böhmischen herbeigeschafft worden war. Oben im Glaskörper befand sich ein Durchschlupf, der es einem schlanken Burschen gerade erlaubte, hindurchzukriechen. Der Joseph war sogar einige Tage auf Wasser und Brot gesetzt worden, damit er auch sicher hindurchpasste. Er saß im Boot, den Bruder Eustachius an seiner Seite, der ihm letzte Anweisungen für den Tauchgang gab.

Einen Wunsch äußerte der Joseph noch: »Ehrwürdiger Pater, erlaubt mir, dass ich vor dem Tauchgang noch einen Krug Bier aus dem Klosterkeller zu mir nehme.«

Der Pater stimmte zu, und wie durch Zufall hatte einer der Ruderer, ein heimlicher »Jagdfreund« des Joseph, einen vollen Krug im Boot dabei. Was der Pater nicht wusste, es war ein ganz besonderer Saft, mit Bilsenkraut versetzt. Der Freund hatte den Zaubertrunk heimlich im Kloster besorgt. Der Bruder Cellerar setzte diesen speziellen Sud ab und zu an, damit ihm das Übel und das Schlechte in der Welt ein wenig angenehmer fürkommen sollte. Er wusste, dass Bilsenkraut Angst vertreibt, Mut macht, die Schwermut lindert und die schönsten Träume hervorrufen kann. Doch die Mischung musste stimmen: Wer zu viel vom Bilsenbier zu sich nahm, der konnte daran sterben. Zum Glück existierte eine genaue Rezeptur in einem alten Folianten aus der Zeit lange vor dem Reinheitsgebot.

Der Joseph trank den Krug mit wenigen Zügen leer. Das Bier schmeckte frisch. Eine tiefe und wohlige Ruhe durchdrang sein Gemüt. Er nahm die aufgeregte Geschäftigkeit um ihn herum kaum mehr wahr. Irgendwie wurde er in den Glassturz gehoben. Der Sattler und der Schuster verschlossen den Holzdeckel mit Teer, Werg und Leder, damit kein Tropfen Wasser eindringen konnte. In einem schweren Netz wurde der Glassturz mit einem Flaschenzug gehoben und vorsichtig zu Wasser gelassen. Mit Bleigewichten beschwert und an einem langen Seil befestigt sank er hinunter in die Tiefe des Ammersees.

Der Joseph sah, wie sich der Spiegel des Sees über ihm schloss. Um sein Glasgefährt herum färbte sich das Wasser zuerst bierflaschelgrün, dann tannenwaldgrün und bald nur noch tiefdunkel wie das Fastenbier vom Kloster.

Plötzlich zog ein golden glänzender Staubwirbel am Glas vorbei, wie Sternschnuppen kam es ihm vor. Noch ein Wirbel und noch einer war zu sehen. In einem magischen Grün fluoreszierte das Wasser ringsherum, dann wurde es heller und immer heller: Der Joseph war im Reich der Wasserjungfrauen angekommen.

Wunderschöne zarte Wesen erblickte er, die wie zum Spiel um die Glaskugel herumschwammen, ja fast zu tanzen schienen. Einen gläsernen Palast konnte er erkennen, mit Leuchtern aus Bergkristall, Mosaiken aus Seemuscheln und Vorhängen aus Seegras geflochten. Dieser Palast war umgeben von einer wunderschönen Wasserwiese, auf der Seeanemonen, Wassertulpen und Tangrosen wuchsen. Alles schien wie aus Eis erbaut, smaragdgrüne Höhlen und Gänge führten zwischen den Zimmern des Wasserschlosses hin und her. Die Fische im See waren als Gesinde für die Seejungfrauen tätig. Barsche und Zander tanzten, Seeforellen brachten den lieblichen Wasserwesen kleine Leckereien herbei, pfeilschnelle Hechte stoben hin und her, damit sie auf ihrem Rücken durch das Wasser gleiten konnten. Neugierig schwammen die Nymphen näher, drückten ihre Lippen ans Glas und verteilten so neckische Küsschen. All das versetzte den Joseph in eine gar große Wohligkeit. Zu ihren Tänzen gaben sie wunderbare Gesänge von sich, sanft und lieblich, wie aus Glas gewoben.

Ein alter, grüner Wassermann kam herbeigeschwommen, von einer gekrönten Nixe begleitet. Fische und Seejungfrauen verneigten sich vor ihr, anscheinend war sie die Königin in der Wasserwelt. Neugierig umschwamm sie den seltsamen Ballon mit dem Joseph. Auf eine Geste hin entfernte der Wassermann den Propfen auf dem Glas, doch kein Tropfen Wasser drang ein. Der über und über mit Tang und Algen bewachsene Wassergeist half dem Joseph heraus. Die Königin nahm ihn an der Hand. Sie schwebten hinüber zum Palast und die Herrscherin des Seegrundes zeigte dem überraschten Joseph ihre Schatzkammer, die über und über mit Gold und glitzernden Edelsteinen gefüllt war. Sie deutete ihm an, er möge sich nach Herzenslust bedienen. Zugleich legte sie aber ihren Zeigefinger auf den Mund und bat ihn auf diese Weise, über das Gesehene zu schweigen. Der Joseph griff gerne zu, war aber klug genug, nur seinen Lederbeutel zu füllen, in dem er sonst seinen Schnupftabak verwahrte. Der ließ sich verbergen und er würde nach dem Auftauchen keine Fragen nach der Herkunft des Goldes riskieren.

Dann schwammen sie zurück zum Glassturz und der Joseph stieg wieder hinein. Der Wassermann verschloss den Glasballon wieder, gerade noch rechtzeitig, denn oben befand man, es sei an der Zeit, diesen wieder hochzuziehen.

Auf den Booten zog man vorsichtig am Seil und brachte den Glassturz zurück an die Luft. Als er auftauchte, sah man darin den Joseph, regungslos, die Augen geschlossen. War er tot? Schnell zog man ihn heraus an die frische Luft: Nein, er atmete noch.

Langsam öffnete der Delinquent die Augen, noch immer befand er sich wie in einem wunderschönen Traum. Hatte er das wirklich erlebt? Vorsichtig griff er nach seinem Schnupftabakbeutel und fühlte darin harte, kieselsteingroße Brocken. Das Gold war also noch vorhanden. Jetzt nur nichts verraten! Man ruderte zurück ans Ufer, wo der Baron und der Richter warteten.

»Sprich sofort, was hast du gesehen?« Der Pater rüttelte den Joseph. Der war noch gar nicht ansprechbar, grün im Gesicht wie Seegras. Langsam schien er sich zu aber sammeln:

»Ein furchtbares Untier hab ich gesehn«, stammelte er, genau beobachtend, ob die Umstehenden seine Geschichte für bare Münze hielten. »Spitze Zähne hat es, feurige Augen, und sein Schweif liegt im Kreis auf dem Seegrund. Und als es mich erblickte, rief es mit tiefer Stimme: »Vermesst du mich, so fress ich dich!«

Die Umstehenden erschauderten, ein Raunen ging durch die Schar der Schaulustigen. Sie nahmen dem Joseph die Geschichte ab und für seinen Mut und das schreckliche Erlebnis im Dienste der Erkenntnis blieb ihm die Haftstrafe erspart. Die Menschen in den Seegemeinden beschlossen, gegen das Untier drunten in der Tiefe jährlich eine Seeprozession abzuhalten und zu seiner Besänftigung einen goldenen Ring in den See zu werfen, so wie es auch die Leut am Walchensee tun.

Ob der Joseph die Seejungfrauen tatsächlich gesehen hat oder ob sein Erlebnis auf das Bilsenkraut im Bier zurückzuführen ist, das weiß keiner genau zu sagen. Deswegen ist bis heute nicht geklärt, ob im Ammersee die Nymphen tanzen, ein Drachen haust oder einfach nur Schlamm und Moder liegt.

Joseph baute sich in Wartaweil ein Haus, in dem er sich zeitlebens vor allem dem Trunk hingab, aber freigiebig auch seine Freunde aushielt.

3 UHR: STUNDE DER DÄMONEN

Dreimal ist der Klang der Kirchenglocke zu vernehmen, schwingt weit hinaus ins Tal. Um diese Zeit muss sie nicht mehr gegen den Lärm des Tages ankämpfen. In der Ruhe der Nacht öffnet sich die Landschaft weiter und weiter. Geräusche kommen näher, das Gehör ist sensibel, vertraute Laute klingen fremd, verändert. Es ist die Stunde der Dämonen. In dieser Stunde sterben die meisten Menschen. Jetzt ist die Trud unterwegs, setzt sich im Schlaf auf deine Brust, drückt dich, schickt dir einen Albtraum nach dem anderen.

»Kannst noch? Bist noch aufnahmefähig?«, fragt das Rockadirl und sieht mich moosiggrün an.

»Ich bin noch wach. Du hast mir ja versprochen, es kommt noch etwas ganz Wichtiges.«

»An ganz kloana, aber ganz bsonderen See hab ich noch da.« Sie streicht über das Papier. Ein See mit rotem Wasser erscheint. »Net weit weg von Neuschwanstein liegt er, unterhalb vom Salober: der sagenhafte Alatsee.«

Windschiefe, verdrehte und verzogene Tannen und Fichten sind sichtbar, ihre Äste ranken sich ineinander, es scheint, als hielten sie sich in den Armen und aneinander fest.

»In der Nacht erzähln si ja die Bäum da droben Gschichten. Da See liegt daneben und hört ganz ruhig zua. Koaner woaß, wo sei Wasser herkommt. Ab und zu, da verfärbt sich der Alatsee rot! Drum heißt er auch der ›rote See‹ oder ›der blutende See‹, und manch Ungeheures liegt da drin verborgen.«

DER BERGRUTSCH AM ALATSEE

ine arme, verwitwete Frau hatte einst das Fischrecht am Alatsee. Der Vogt vom Kloster St. Mang aber untersagte ihr aus Habgier und Eigennutz, dieses Recht auszuüben sowie sich und ihre Kinder von den Fischen zu ernähren. Durch diese Willkür geriet die Frau in arge Not. Doch aufgeben wollte sie nicht! Voller Hoffnung auf Gerechtigkeit lief sie hinunter nach Füssen, um beim Landrichter ihr Recht einzuklagen. Doch vergebens: Ihr war die Sprache der hohen Herren nicht geläufig und was sie sagen wollte, kam ihr nicht leicht vom Munde. Der redegewandte Vogt hingegen, dem das Maul niemals stillzustehen schien, konnte das Gericht geschickt auf seine Seite ziehen. So gewann der Vogt den Prozess, denn das Recht war gedreht und gebeugt worden, zugunsten der Reichen und Mächtigen.

Die arme Frau und ihre Kinder, die vom Hungertod bedroht waren, gingen zum See hinauf und verfluchten den Vogt wegen des Unrechts, das ihnen angetan worden war. Die Tannen und Fichten wiegten sich leise im Bergwind und schienen ihre Not zu verstehen. Da! Auf einmal war vom Salober ein schleifendes, rupfendes Geräusch zu vernehmen, der Berghang geriet in Bewegung, erst langsam, dann immer schneller rutschte eine mächtige Mure aus Steinen, Schlamm und Bäumen hinunter in den See. Braun schäumte das Wasser auf und verschlang die Erdmassen, Geröll und Wald sanken auf den Grund.

Durch diese Rache des Berges konnten der Vogt und das Kloster keinen großen Gewinn aus dem See ziehen: Fischernetze verfingen sich immer wieder in den versunkenen Baumwipfeln im Seegrund, und manches Boot kam zu Schaden. Ob die arme Frau und ihre Kinder von der Genugtuung für die erlittene Ungerechtigkeit satt geworden sind, ist nicht überliefert.

DER MÖNCH VOM FAULENBACH AM ALATSEE

n dunklen Nächten hört man mitunter schleifende Schritte, die ruhelos den See umwandern. Dazu ist ein helles, metallisches Klimpern vernehmbar wie von einem schweren Schlüsselbund. Ein tiefes Murmeln schwingt darunter, aus dem sich die Worte »Erlöse mich!« herausschälen. Mit dieser unheimlichen Erscheinung am Alatsee hat es die folgende Bewandtnis:

Unten am Faulenbach lebte einst ein Mönch in einer verborgenen Klause. Er hauste aber dort nicht, um in Ruhe und Selbstversunkenheit seinen inneren Weg zu finden, sondern weil er sich mit allen anderen Brüdern im Kloster überworfen hatte.

Eines Tages kam eine junge Witwe beim Holzsammeln des Weges. Der Mönch grüßte sie freundlich, bat sie zuvorkommend in seine Klause und bot ihr eine bescheidene Brotzeit von Quellwasser und geräuchertem Seefisch an. Ohne Argwohn nahm die Holzsammlerin die Freundlichkeit des Kuttenträgers an und ging mit ihm in die mönchische Behausung. Sie hätte ihm besser nicht über den Weg getraut: Der Mönch versperrte hinter ihr die Tür mit einem Riegel, lachte hämisch und begann, sie zu bedrängen. Die Frau flehte und bat, wehrte sich auch mit Händen und Schreien, aber vergeblich! Sie musste dem Mönch zu Willen sein.

Nach der Schändung ergriff den Mönch eine panische Angst, sein Vergehen könnte im Kloster und im Tal bekannt werden. Er packte die weinende Frau, zwang sie in eine Holzkiste zu steigen und versperrte diese mit vierundvierzig Schlössern. Sodann hob er die Kiste in seinen Kahn, ruderte hinaus auf den See und wuchtete sie ins Wasser. Das ängstliche Rufen der Frau erstarb langsam in den Wellen. Doch bevor sie ertrank, ging ihr Weinen in einen Fluch über: Nie mehr sollte in diesem See ein Fisch gefangen werden!

So versank die Truhe im Wasser, doch die Verwünschung ging in Erfüllung. Jahrhundertelang konnte der See nicht befischt werden.

Der »Schlüsselmönch« aber findet keine Ruhe. Die kann er erst finden, wenn er mit seinem Schlüsselbund alle vierundvierzig Schlösser aufgeschlossen hat. Solange muss er des Nachts um den See wandern.

DIE GOLDENEN FISCHE VOM WAGINGER SEE

m Waginger See[17] *lebte einst ein Fischer, der einmal viele Tage hindurch nichts gefangen hatte. Eines frühen Morgens machte er sich wieder zum See auf, um die Netze auszuwerfen. Er hatte zwar wenig Hoffnung, allein er musste es versuchen, denn seine Frau und seine Kinder saßen mit hohlen Wangen und traurigen Augen in der Küche, und ihre leeren Mägen knurrten wie ein Rudel Metzgerhunde.*

Der Fischer warf das Netz ins Wasser und als er es wieder herauszog, lag ein Stein darin. Beim zweiten Mal zog der Fischer einen alten Schuh nach oben, dann warf er das Netz abermals hinein. Als er es wieder hochzog, da hatte sich wieder kein Fisch im Netz verfangen, doch in den Maschen hing ein kleines Kästchen, aus Holz gebaut und mit Eisen beschlagen, so wie man es für die Aufbewahrung des Spargroschens nutzte.

Erwartungsvoll löste der Fischer das Kästchen aus den Maschen und brach es auf. Aber wie erschrak er, als aus dem kleinen Behältnis ein Wassermann herausstieg. Er war von gedrungener Gestalt, groß wie zwei Biber übereinander, seine Haut war grün von Algen und Seegewächsen. Zwischen seinen Fingern spannten sich Schwimmhäute und sein Körper endete in einem Fischschwanz wie bei den Nixen.

[16] Im östlichen Landkreis Traunstein, mitten im Rupertiwinkel, liegt der Waginger See, der mit dem Tachinger See zusammenhängt. Gespeist werden sie von Tenglingerbach, Schinderbach, Laubenbach und Höllenbach. Abfluss ist die Götzinger Achen, die das Seewasser der Salzach zuführt. Umgeben werden die Seen von den Ortschaften Waging, Kirchanschöring, Taching und Petting. Die Bewohner letzterer Ortschaft sind sehr damit beschäftigt, ihre Ortschilder zu bewachen, da selbige ein beliebtes Sammlerobjekt darstellen.

Er schien sehr aufgebracht zu sein und sprach zum Fischer: »Dafür, dass du mich ans Tageslicht gebracht hast, empfange deinen Lohn: Ich befehle dir, jetzt selbst in meine Schatulle zu steigen, wenn nicht, so bist du des Todes.«

Der Fischer aber jammerte: »Wie soll ich denn in diesem kleinen Behältnis Platz finden?« und mit einem listigen Blick fügte er hinzu: »Du musst mir zeigen, wie man es anstellen muss, sich da hineinzuzwängen!«

Der Wassermann, der wohl etwas einfältig war, wollte dem Fischer beweisen, dass drinnen genug Platz sei, und stieg zurück in das Kästchen. Kaum lag er wieder drinnen, schloss der Fischer den Deckel und verriegelte ihn. Er packte das Fundstück und hob es zum Heck, denn so schnell wie möglich wollte er es loswerden und in den See zurückwerfen. Der Wassermann aber klopfte verzweifelt an die Wand des Kästchens und bat den Fischer, er solle dies nicht tun. Zum Dank würde er ihm ein wertvolles Geheimnis anvertrauen.

Der Fischer ließ sich überreden und ließ den Wassermann ein weiteres Mal frei. Der aber sprach: »Ich bin der Geist eines ruchlosen Betrügers. Die Leute warfen mich in diesen See, weil ich jeden von ihnen, ob arm oder reich, mit falschen Versprechungen auf große Gewinne um sein Hab und Gut gebracht habe. Das erschwindelte Geld habe ich mit beiden Händen ausgegeben. Als die Menschen mir auf die Schliche kamen, haben sie mich gepackt, in eine leere Holzkiste gesteckt und in den See geworfen.

Ich kann erst dann Ruhe finden, wenn ich mich gegen jenen, welcher mich auffindet, wohltätig erweise. Das will ich denn tun! Höre: Nicht weit von hier findest du eine Bucht, in diese wirf dein Netz und du wirst jeden Tag einen Fisch fangen. Diesen trage zum vornehmsten Gastwirt der Gegend, und du bekommst für jeden solchen Fisch einen Dukaten.«

Wie es der Geist gesagt hatte, so ist auch alles Weitere geschehen. Der Fischer ruderte in die besagte Bucht hinüber, warf sein Netz ins Wasser und fing bald darauf einen seltsamen, unbekannten, goldschimmernden Fisch. Diesen trug er zu einem noblen Wirt und berühmten Koch. Als dieser den goldenen Fisch erblickte, gefiel der ihm sehr. Er gab dem Fischer den verlangten Dukaten dafür, denn er glaubte, seinen ausgesuchten Gästen etwas ganz Besonderes vorsetzen zu können.

Der Koch legte den Fisch in die Pfanne und würzte ihn mit den erlesensten Gewürzen, frischesten Kräutern sowie einem Hauch von fernöstlichem Ingwer. Kaum lag der Fisch über dem Feuer, fing er auf einmal das Reden an: »Solange ihr Gutes tut, so lang wird es euch gut gehen, sobald ihr aber Böses tut, wird's euch schlimm gehen!« Hierauf flog er durch den Rauchfang fort.

Als am zweiten Tag der Fischer wieder mit einem ebenso schönen Fang kam, kaufte der Koch diesen abermals. Als der Fisch in der Pfanne lag, ereignete sich dasselbe wie mit dem ersten. Diese Geschichte machte die Runde und wurde sehr schnell dem Landesfürsten hinterbracht. Der ritt herbei, und am dritten Tag war er selbst bei der Bereitung des Fisches zugegen. Es geschah dasselbe: Der Fisch sagte seinen Spruch und flog aus der Pfanne in den Rauchfang hinauf und davon.

Der Landesfürst ließ den Fischer holen. Der erzählte nun alles vom Anfang bis zum Ende, was er von dem Wassermann wusste. Der Landesfürst hatte damals auch, in Hoffnung auf eine wundersame Vermehrung des Geldes, dem Betrüger viele Steuern und Abgaben hinterlassen. Doch auch er hatte all das Geld seiner Untertanen abschreiben und deswegen bitterliche Verwünschungen einstecken müssen. Als er aber den Bericht des Fischers vernommen hatte, hatte er seine große Freude daran, dass der Geist des Betrügers Reue zeigte und er sich wohl gebessert hatte.

Nur noch ein Mal fing der Fischer einen goldenen Fisch. Den brachte er aber nicht mehr zu dem berühmten Koch, sondern ließ ihn am Leben. Er legte ein paar Teiche an und züchtete darin die goldenen Fische nach. Sie vermehrten sich so gut, dass der Fischer sie in den Rauchfang hängen musste, damit sie länger hielten. Einheimischen und Gästen mundeten sie hervorragend.

Dem Wassermann aber begegnete der Fischer nie mehr wieder.

AQUADÄMONISCHE GEDANKEN

»Wassergeister san oft vui harmloser wia ihr Ruf. Die allerschlimmern Ungeheuer san die, wo vom Menschn erschaffen worn san.«

Eigentlich widerstreben mir solche düsteren Behauptungen, aber wenn die Nacht langsam zerrinnt und eine zunehmende Schwere in die Glieder kriecht, ist es mühsam dagegenzuhalten.

»Der Mensch ist nicht gut, der Mensch ist nicht schlecht. Der Mensch ist eigentlich ziemlich durchschnittlich.«

»Der Mensch schon, aber i bin was ganz Besonderes, oder?«

Auf dem Papyrus meiner nächtlichen Gefährtin erscheint ein Gemälde, eine hochherrschaftliche Szenerie, eine ganze Flotte an prachtvollen Schiffen. Man könnte meinen, es wäre das unermesslich reiche Venedig mit seinen Prunkschiffen, wenn nicht am Horizont Alp- und Zugspitze zu erkennen wären.

Es kann nur der Starnberger See[18] sein.

»Wirst seng, dass i recht hab. Mir hat da einmal ein Hirsch, ein richtiger König des Waldes, verzählt, wia er dem grausamsten aller grausamen Ungeheuer begegnet is!«

Sie streicht abermals über das alte Pergament hinweg und wir reisen in das Jahr 1662 zurück. Ein Guckloch öffnet sich mitten in den tiefgrünen Forst, der zwischen München und Starnberg liegt. Eine Waldlichtung erscheint im Sonnenaufgang, ein kapitaler Hirsch, ein Zwölfender rupft in majestätischer Ruhe ein paar Grasbüschel. Er scheint unser Eindringen nicht übel zu nehmen und dreht das Haupt zu uns her. Ein friedvolles Bild, doch irgendetwas trügt an dieser vornehmen Ruhe und Gelassenheit. Und dann beginnt er, seine Geschichte zu erzählen.

[18] Es handelte sich hier wahrscheinlich um das Bild *Seefest mit dem Bucentaur* von (Ignaz oder Ferdinand) Bidermann, 1738.

DAS SEEUNGEHEUER VOM STARNBERGER SEE

ch hab es schon im Morgengrauen beim Äsen bemerkt, dass irgendwas nicht stimmt. Etwas war heut anders, hier in meinem Park hinter Forstenried. Ich brauch in der Früh meine Ruh, ich will einfach nur äsen, ganz entspannt, weil das die friedlichste Zeit vom Tag ist. Die Dunkelheit weicht, die Vögel beginnen zu singen, Tau liegt auf dem Gras und betautes Gras schmeckt am köstlichsten, da geht nichts drüber! Spinnennetze funkeln im Morgenlicht wie edles Geschmeide und wenn dann im Herbst noch die Eicheln und Kastanien am Boden liegen, dann fühlt man sich als Hirsch wie im Paradies. Die Schatten sind schon länger geworden, es ist schon recht frisch am Morgen, aber untertags wärmt einem die Sonne noch den Pelz. Es herbstelt, man muss sich jetzt noch so viel Speck anfressen wie möglich, denn die kalte Zeit, die kommt bestimmt.

Wegen all der Ruhe und Beschaulichkeit kann ich eines nicht vertragen, wenn ich in der Früh aus der Ferne so ein Hundegebell hör und dieses Horntröten. Und was ich überhaupt nicht mag, ist wenn dieser Lärm näher- und näherkommt. Aber ich kenn diese Bagage schon, diese Unruhestifter, lauter grobe Knechte und Treiber und dazu die herausgeputzten Jäger aus der Residenz.

Als Waldkundiger kennt man jede Menge Pfade und Wegerl, über die man sich verziehen kann, wenn's brenzlig wird. Deswegen hab ich mir gedacht: ›Geh dem Ganzen aus dem Weg, lass dich nicht reinziehen und wart, bis alles vorbei is!‹ Ich ließ die schönsten Steinpilz stehen, denn jetzt hieß es auf der Hut zu sein, Fressen kommt später!

Doch das Bellen und Blasen ist immer lauter geworden. Schreie und Stimmen waren zu vernehmen, Scheppern und Läuten, ganz deutlich.

Warum uns diese ungelenkigen Zweibeiner und ihre vierbeinigen hechelnden Sklaven nicht einfach in Ruh lassen können? Warum sie uns nach dem Leben trachten, das hab ich nie verstanden. Wir Waldbewohner haben ihnen nie etwas zu Leid getan, wollen nur Frieden, haben uns von ihnen ferngehalten und Begegnungen nach Möglichkeit vermieden.

Jetzt war aber keine Zeit für solche Gedanken. Es roch nach Gefahr, jetzt wurd's brenzlig! Nun hieß es: Alle vier Läufe hoch, losrennen und aufpassen, dass sich das Geweih nicht irgendwo verhängt. Natürlich bin ich stolz auf mein Geweih, zwölf Enden dran, aber im Weg geht's schon um, besonders wenn's pressiert.

Dabei – ich hätt gewarnt sein müssen. Selbst schuld! Am Tag davor waren Kutschen, Reiter und Equipagen auf dem Fürstenweg, der immer fürs Volk mit Schranken versperrt ist, zum See hinuntergefahren. Da hätt ich schon spannen müssen, dass irgendwas im Busch ist!

Doch dafür war es jetzt zu spät! Der ganze Wald in Aufruhr: Immer mehr sind wir geworden, Rehböck und Sauen, Wachteln, Schnepfen, Rebhühner, alle auf einmal auf der Flucht. Nur die Mäuse, Füchs und Dachse konnten sich sofort ihn ihre Höhlen verziehen, die Glücklichen.

Ich lief vorweg, als König des Waldes hat man ja seine Verpflichtungen. Aber plötzlich, mitten in meinem Wald, stand links und rechts ein Zaun im Weg, irgendwer hatte den hier aufgestellt. Zu hoch zum Darüberspringen, zu eng zum Durchschlupfen! Wie ein Trichter war er ausgerichtet, erst weit, dann enger, unausweichlich, und wie ein Sog hat es uns Fluchttiere da hineingezogen. Alle sind wir durch diesen engen Gang hindurchgejagt, getrieben von diesem widerlichen Hundsgebell. Die Sauen und das Kleinvolk konnten noch irgendwie zur Seite entfliehen, hinter mir ist es leerer geworden, nur die Hunde sind zu mir aufgerückt. Jetzt hat es mich wie ein Blitz durchfahren: ›Auf mich haben sie es abgesehen, auf mich allein!‹ Nur noch eine einzige Rettung gab es: den Weg zum Wasser, der war noch offen.

Die weise Eule hat es mir später erzählt: Einen »Parforce-Sack« nennt man diese Falle der Jäger, wie eine Fischreuse wird er in den Wald gelegt. Eine hinterfotzige Gemeinheit, aus der niemand entfliehen kann. Der vermeintlich letzte Ausweg, das Seeufer!

Ich kann schwimmen. Sehr gut sogar, wenn es sein muss. Aber was ich da auf dem See erblickt hab, das hat mir fast den letzten Atem verschlagen.

Zum einen hat der See einen ganz anderen Geruch gehabt, nicht nach Algen, nach Fisch, nach Weite und Freiheit wie sonst. Nein: Gestunken hats, nach verbranntem Fleisch, süßlich Gebackenem und vergorenen Beeren. Und ein Lärm war zu vernehmen, ein Geschrei, Gejuchze und Schnalzen! Aber mir ist gar nichts anderes übrig geblieben, als auf dieses Inferno zuzurennen. Ich war mittlerweile ganz allein. Hinter mir die Meute, über dreißig blutrünstige Hunde.

Da lag er, der See, der sich sonst so friedvoll zu den Bergen hinüberstreckt. Aber nichts von seiner Friedfertigkeit war mehr übrig: Alles voller Schiffe, kleine und große, voller Menschen, Ruderer, Fischer und solche, die den Blitz machen können, der unsereinen direkt ins Herz beißt.

Und mitten zwischen all den Schiffen lag dieses riesige Ungeheuer – lang wie ein Tannenbaum, breit wie drei Fuhrwerke und hoch wie der Georgenstein – über und über von menschlichen Kreaturen besiedelt wie ein Ameisenhaufen. Es musste aus der Tiefe der Hölle aufgetaucht sein.

Zitternd vor Angst bin ich ins Gehölz zurück, aber da waren wieder die Hunde und die Treiber, die infernalisch in goldene Schnecken geblasen haben. Ich weiß nicht mehr, wie oft ich versucht hab, meinem Ende zu entkommen, aber es war aussichtslos. Am End ist mir nichts übrig geblieben, als mich ins Wasser zu stürzen, umzingelt von den bellenden Bestien und auf das Ungeheuer hinzuschwimmen.

Ein heftiges Gewitter hat auf dem Feuerdrachen stattgefunden, Blitz und Donner sind darüber hinweggefegt, obwohl droben am Himmel keine Wolke zu sehen war. Unheil hat es gebracht, neben, vor und hinter mir ist das Wasser aufgespritzt, mein eigenes Blut hat das Seewasser verdunkelt, süßlich hat es gerochen, nach Unheil und Tod.

Unten auf dem großen Ungeheuer haben Menschen mit langen Stangen den See aufgewühlt und so das Untier, das ja selber keine Beine oder Flossen besessen hat wie wir höheren Wesen, über meinen geliebten Würmsee geschoben. Auf dem Panzer des Kretins sind in allen Farben schreckliche Zauberwesen erschienen, beißende Krebse, nackerte dicke Gabelträger, hässliche Sonnen, Weiber mit unförmigen Zitzen, Wesen zwischen Wasser und Erde mit langen Fischschwänzen und unappetitlichen Leibern. Der Korpus des unförmigen Scheusals endete in zwei Löwenköpfen, die drohend und vernichtend über den tobenden See gespuckt und gegeifert haben. Es muss die schreckliche Würmschlange gewesen sein, die aus den Tiefen des Sees aufgetaucht ist, um Tod und Verderben über uns Friedfertige zu bringen. [19]

[19] Hier irrt der Hirsch: Es handelte sich wohl nicht um die Würmschlange, sondern um den »Bucentaur«, ein schwimmendes Jagdschloss, das sich Kurfürst Ferdinand Maria und seine Ehefrau Henriette Adelaide zur Feier der Geburt des Thronfolgers Max Emanuel 1662 bauen ließen. Der Bucentaur wurde zwischen 1662 und 1665 als neues Leibschiff der Wittelsbacher in Starnberg entworfen und gebaut. Die technische Planung lag in den Händen dreier venezianischer Schiffbauer. Dekoriert und ausgestattet wurde das Schiff von einheimischen Künstlern. Sie verzierten es wie sein venezianisches Vorbild mit zwei löwenköpfigen Spornen am Bug, einem Neptun und einer Delfin- und Nixenbemalung, verzichteten jedoch darauf, es komplett zu vergolden, sondern bedienten sich vor allem der bayerischen Farben Weiß und Blau für die Gestaltung. Mit 29 Metern Länge und etwa 8,4 Metern Breite war das bayerische Schiff so lang wie sein italienisches Vorbild, doch deutlich breiter. Der Tiefgang

All die kleinen schwimmenden Ungeheuer und die riesige grauenvolle Würmschlange waren aber besetzt von lauter »Ihro Gnaden« und allerhand Gschwerl von der Residenz raus, die noch am Vortage mitten in meinem Revier unter Laubhütten allervornehmst zu Mittag gespeist und getrunken hatten. Die sich dazu noch voreinander verrenkt und verbogen hatten in allergrößter Lächerlichkeit, von ohrschmerzendem Gekreisch hysterischer Weiber begleitet. Dazu hatten manche auf hölzernen Kästen, die mit Katzendarm bespannt waren, mit einer Art Pferdehaarpeitsche reibende Geräusche erzeugt. Für ein musikalisches Gehör wie meines, das den Wohlklang der Blätter im Wind und das Jubilieren der Vögel gewohnt ist, die reinste Folter![20]

Die Kreischenden hatten alle nach Maiglöckerl gestunken, obwohl gar keine Jahreszeit dafür war. Lauter verkommene Kreaturen, denen jegliches Vornehme und Edle, das uns Waldbewohner adelt, gefehlt hatte. Das alles ist mir beim Schwimmen vor der Würm durch den Kopf gegangen, aber jetzt war es zu spät. In meiner Verzweiflung hab ich ein Stoßgebet zu unserer heiligen weißen Hirschkuh gesendet, dass sie mich aus dieser allergrößten Not und Bedrängnis erretten möge. Und — sie hat mich erhört.

Mit letzter Kraft bin ich untergetaucht und unter dem Leib der todbringenden Bestie hindurchgeschwommen. Fast wären mir die Sinne geschwunden! Als ich wieder hab Luft holen müssen,

betrug 0,9 Meter. Der Rumpf (ohne Masten) war rund 5 Meter hoch. Im Untergeschoss des zweimastigen Ruder- und Segelschiffes hatten 64 Ruderer Platz. Dort waren außerdem 16 Böllerkanonen nebst Pulvermagazin untergebracht. Das Hauptdeck diente dem Aufenthalt der Gäste, die hier ohne Anstrengung dem Waidwerk nachgehen konnten, unterhalten von den Klängen der Musikkapelle auf dem Oberdeck.

20 Vermutlich hat unser Zeitzeuge einer Opernaufführung im Walde zur Zerstreuung der illustren Gäste auf der anstrengenden Kutschfahrt von der Residenz zum Würmsee beigewohnt.

war mein erhabenes, aber manchmal unpraktisches Haupt in einer übel riechenden, schwefelgelben Wolke verborgen. Auch wenn der giftige Odem des Ungeheuers in den Lungen gebrannt hat wie ein Feuer, das Versteck hat mich vor den zweibeinigen Bestien verborgen, den vierbeinigen Bestien hat es die Orientierung genommen und sie gehindert, meinem Schweiß zu folgen.

Wie ich wieder an Land gekommen bin, darüber hat sich der gnädige Mantel des Vergessens gebreitet. Ich muss noch aus dem Wasser gestiegen sein, im Moor, am Rande des Würmflusses bin ich irgendwann aus meiner Erschöpfung erwacht. Dem fließenden Wasser bin ich gefolgt, immer weiter weg von diesem Vorort der Hölle, der grausamen Erinnerung und dem fürchterlichsten aller Seeungeheuer auf Erden. Immer weiter weg in den Frieden und die Freiheit meiner Waldgründe.

4 UHR: MORGENGRAUEN

Der Morgen dämmert. Das Tal rekelt sich, streckt sich und schüttelt die Nacht aus dem Pelz. Das Krähen eines Hahns ist von irgendwoher zu vernehmen. Die Kühe erheben sich, ihre Glocken läuten, die Klarheit kämpft gegen die Müdigkeit. Lampen hinter spinnwebverhangenen Fenstern zeigen den Beginn der Stallarbeit an.

Drüben in der Bucht steht die Plätte des Fischers, er zieht die ausgelegten Reusen und Netze hoch, befreit die Fische aus den Maschen und wirft sie in die Holzwanne. Heller, immer heller wird's.

Die Trud muss sich jetzt beeilen, der nächtliche Umgang ist vorbei, sie muss zurück in ihren Körper finden, sonst geht es ihr wie der Trud im Vilstal.[21]

Das Tal erwacht und mir drückt es schwer die Augendeckel hinunter.

[21] Näheres ist dazu im Band *Wirtshaussagen zwischen Alpen und Donau* zu lesen – auch im Allitera Verlag.

DIE SCHÖNE VEV VOM WALCHENSEE & SCHLIERSEE

n Urfeld lebte einst die schöne Vev. Sie war eine junge, liebreizende Frau, die Fischertochter vom Walchensee. Aber nicht nur ihre körperliche Erscheinung zierte sie, ebenso bestachen ihre Selbstständigkeit und ihr praktisches Geschick. Das musste sie auch einsetzen, denn ihre Eltern waren früh gestorben und sie stand bald auf eigenen Füßen, musste wirtschaften und sich selber durchbringen.

Die schöne Vev verstand sich aufs Fischen wie ein Mann und ruderte ihren Einbaum bei Wind und Wetter geschickt über den See. Die Durchreisenden ins Welschland, die über den steilen Weg den Kesselberg heraufgekommen waren, führte sie geschickt ans südliche Ufer, denn die Überfahrt war weniger mühsam und gefährlich als der ausgesetzte Steig, der über dem See durch die Felsen führte.

Wenn aber eine junge Frau sich alleine durchbringt, dann erweckt das bei den Männern schnell die Begehrlichkeit und bei den Frauen die üble Nachrede. Die schöne Vev kümmerte sich wenig darum, sie betrieb ihre Fährdienste und verkaufte den Welschen, die von Süden herkamen, und den Bayern, die ins Welschland hinunterzogen, geräucherte Saiblinge und Renken als Wegzehrung.

Es war zu der Zeit, als Herzog Ferdinand lebte. Er war ein Bruder des regierenden Herzogs Albrecht des Weisen, dazu ein umtriebiger Jägersmann und einer, der bei jeder schönen Frau sofort entbrannte, ein rechter »Weiberer« also.

Sommer war's, ein schöner heißer Sommer im Oberland. Die Herzoglichen residierten auf der »Purch ze Töllenz« (Burg zu Tölz) und betrieben von dort das politische Geschäft. Ferdinand aber streifte lieber im Isarwinkel umher und ging dort auf Bären und Hochwild.

Eines Tages hatte ihn sein Weg vom Kochelsee über den Kesselberg geführt. Über Urfeld, den Walchensee und durch die Jachenau wollte er wieder zurück nach Tölz reisen. Da sah er einen Einbaum vor einer Fischerhütte sanft im See schaukeln und so klopfte der Herzog unerkannt und in einfacher, aber doch herrschaftlicher Jagdkleidung an, um die Überfahrt zu verlangen.

Als dann aber kein Fischerknecht, sondern die schöne Vev heraustrat, hat es dem Herzog fast die Stimme verschlagen, so ansehnlich war sie. Er hat es fast nicht über die Lippen gebracht, zu verlangen, dass sie ihn über den See rudern solle. Die Vev hat so getan, als ob sie nichts bemerkt hätte, hat in sich hineingelächelt und den Herrn über den See gerudert wie jeden anderen Fahrgast auch.

Drüben ist er aus dem Kahn gestiegen, aber der Liebreiz und die Anmut der Vev haben sich in sein Herz gebrannt und er hat diesen Brand nicht löschen können, ihr Bild hat ihn von da an voll und ganz erfüllt.

Die Vev dachte auch gern an den vornehmen Herrn zurück, dessen Stand und Rang sie nicht kannte, dessen schmeichelnde, wohlformulierte Sätze sie nicht unberührt gelassen hatten. Dabei war sie eigentlich dem Caspar gut, einem Bauernburschen aus der Jachenau, der unsterblich in sie verliebt war. Die Vev selber hatte sich aber noch nicht für ihn entschieden.

Der Caspar war ein sauberer Bursch, auch ein geschickter Jäger, der sich nichts sehnlicher wünschte, als sie zu seiner Frau und zur Bäuerin in der Jachenau zu machen. Nur einen Fehler hatte Caspar, das waren seine zuweilen bis zum Jähzorn auflodernde, ihn alles vergessen lassende Wut und Heftigkeit. Die Vev aber hatte ihre Unabhängigkeit und Freiheit schätzen gelernt, sie wollte sicher sein, dass er der Richtige sei.

Der Herzog saß wieder auf der Tölzer Burg, jedoch seine Leidenschaft für die schöne Fischerstochter wuchs durch die Trennung von Tag zu Tag. Nicht einmal die abenteuerlichsten Jagden auf Hirsche und Wildschweine konnten seine Gedanken verscheuchen und sein Gemüt erfreuen.

So kehrte er, sobald es sich einrichten ließ, wieder zur Fischerhütte am Walchensee zurück und bot all sein feuriges und beredtes Liebeswerben auf. Die Vev aber lächelte nur, und das konnte für den Herzog entweder Zuwendung oder Ablehnung bedeuten. Am Ende schickte sie ihn freundlich, aber bestimmt weiter.

Bei einem nächsten Besuch gab sich ihr der Herzog zu erkennen und trug ihr Herz und Hand an, um sie zur Herzogin in Bayern zu erheben. Vev jedoch, aufs Tiefste erschrocken, wies auch diesen ehrenvollen Antrag zurück, sie fühlte sich nicht geeignet für diese hohe Stellung. Dagegen gab sie auf dessen Drängen und Bitten dem Herzog das Versprechen, ihn am Tag nach St. Laurenzi wenigstens bei einem Jagdzug zu begleiten.

Ferdinand hoffte insgeheim, den Sinn der Angebeteten durch den bei dieser Gelegenheit zu entfaltenden fürstlichen Glanz und Prunk zu erweichen, indem er ihr zeigte, was sie durch die Abweisung seiner Hand verlieren würde. Das durch die Überredungskunst des Herzogs gegebene Versprechen bereitete Vev ziemliches Unbehagen. Sie hoffte, dass der Caspar davon nichts erfahren möge, denn sie befürchtete ein Unglück. Auf der anderen Seite wollte sie die Zusage gegenüber dem Herzog nicht brechen.

Doch irgendwie ist die Kunde von des Herzogs Einladung von Mund zu Mund bis in die Jachenau gelangt. Als Caspar von dem Vorhaben der Vev erfuhr, kam seine leidenschaftliche Eifersucht zum Ausbruch. Er tobte wie ein Wahnsinniger und rannte auf und davon, niemand wusste wohin.

Am Tag darauf erschien Herzog Ferdinand mit Tross und Hunden zur edlen Jagd. Genoveva hielt ihr Wort, sie schlug zur Beruhigung ihres pochenden Herzens ein Kreuz, begrüßte den edlen Jagdherrn und folgte ihm den Herzogstand hinan.

An einem Aussichtspunkt, wo der türkis schimmernde See wie

ein gefasster Edelstein unter ihnen lag, verweilten beide. Der Tross war auf einen diskreten Wink hin plötzlich verschwunden und der Herzog hatte nur noch Augen für die schöne Vev. Er nötigte sie ein wenig, von einem unbekannten, wohlschmeckend perlenden Getränk zu probieren. Der Herzog sah nur noch ihre wogende Brust, den schlanken Hals, es hämmerte in seinen Schläfen.

Der Vev schwanden die Sinne, als der Herzog sie an sich zog. Eine ganze Zeit lang fehlten ihr das Wachsein und die Erinnerung. Woran das lag, wusste sie nicht. Da plötzlich knackte es im nahen Gebüsch, es blitzte auf – donnernd krachte ein Schuss – mit einem jähen Aufschrei sank die Vev getroffen zusammen, zu Füßen des entsetzten Herzogs.

An der Stelle, wo der Schuss aufgeblitzt war, fand der alarmierte Tross einen Gebirgsstutzen. Es war die Waffe vom Caspar, seine jagenden Schritte und Sprünge und die sich bei seiner Flucht im Kar lösenden Steine hallten von den Felsen nieder. Entsetzt sprang der Herzog, einen Skandal fürchtend, auf sein Pferd und verließ mit seinen engsten Vertrauten den unheimlichen Ort. Den Caspar sah man unten am See, wie er mit irrem Blick ins Wasser hineinsprang und darin für immer versank.

Das war die traurige Geschichte von der schönen Vev.

Das Rockadirl rollt nun das Pergament zusammen.

»So werd die Geschicht verzählt«, sagt sie und blickt mich an. »Und jetzt brauch i di, weil des halt net stimmt. Die Wahrheit is ganz anders: Die schöne Vev war gar net tot, verletzt war sie und ohnmächtig, vom Herzog seim Liebestrank oder vom Streifschuss. Die Sennerin von der Alm drüben beim Reitweg hat sie gfunden. Neben die Vev hat der Herzog no an Lederbeutel mit Dukaten gworfen, damit ma ihre Beisetzung davon zahlt und as Maulhalten. So hat der edle Herr sei schlechts Gwissen beruhigt. Die Vev aber is zum Glück wieder aufgwacht, wochalang hat s' gwoant vor Scham und gstöhnt vor Schmerz, doch die Fürsorg von der Sennerin hat ihr wieder auf d'Füaß gholfa. Aber hoamgeh, nunter in ihr Fischerhüttn am Walchensee, des hätt si nimmer übers Herz bracht.

Wia a Ausgstoßne, a Strauchdiebin, so hod sa si aufn Weg gmacht, hat si nübergschlicha, an Walchensee und die Jachenau für immer zrucklassn. Sie is einfach weiterganga, nüber, am Tegernsee vorbei und wollt eigentlich ganz nauswandern aus dera Welt.

Aber unterm Herzen hod sie was gspürt, ein Klopfen, und da hat sie gwusst, dass die Rast mit dem Herzog net folgenlos bliebn is. Dann is mit einem Mal da Schliersee daglegn, harmlos und voller Fried. Hier hat sie vom Herzoggeld eine einfache Fischerhüttn, die leer gstandn is, rechtmäßig erworben. Dort hat sa si eingricht, damit des Kind, des im Bauch gwachsn is, sein Platz hat.

So, des schreibst jetz in dei Buach nei!«

»Und wer war das Kind?«

»Woaßt es ja eh«, antwortet das Rockadirl und nickt mir bestätigend zu.

»Und wie geht's weiter?«, dränge ich.

»I bin bei da Vev, meiner Muatter, aufgwachsen. Sie war immer guat zu mir und glernt hat sie mir ois, was ma fürs Lebn braucht. Sogar Lesn und Schreibn, Singa und Fischn und selbstständig sei. Nur über die Manner und die Liab hob i nix von ihr erfahrn, da hot si immer ein Schattn über ihr Gsicht glegt.

Doch die Zeitn san unheilvoller worn. Der schwarze Tod is übers Land zogn und auch mei Muatter hat er gholt. Die Erntn san verfault und die Leut ham nach de Schuldign gsuacht. Koaner hat mehr die Wahrheit wissn wolln, jeder hat si sein eigenen Reim auf ois gmacht. As Misstrauen und die Angst ham die Menschen narrisch gmacht und ihre Herzen vergift.

Dann is im Tegernsee drin a junger Bursch unterganga und ertrunkn. I hab ihn flüchtig kennt und hätt gar net gwusst, ob er auf mi schaut. Dann hot irgendwer in d'Welt gsetzt, die rothaarige Tochter aus der Fischerhüttn am Schliersee waar dro schuld, hätt ihn verhext und in Liebespein versetzt und überhaupt sei sie ausm Schornstein gflogn und auf am Besen zum Hexentanzplatz drübn am Brünnstein gritten.

Mit Fackeln, Sensen und Heugabeln sans vom Tegernsee rüberzogn, bsuffa vom Schnaps, sonst hättn sie si gar net hertraut.

Doch kurz bevor des geifernde Volk mi hat fassn kenna, kommt ein herzoglicher Reiter dahergsprengt, hod mi hochzogn in sein Sattel und is losprescht, zum Kloster nüber. Wahrscheinlich hat da Ferdinand doch von da schönen Vev am Schliersee erfahrn, sei Hand über sie und mi ghalten und was guat macha wolln.

›Hier bist in Sicherheit!‹, hat der herzogliche Reiter mir zum Abschied ins Ohr gflüstert. ›Aber aus dem Kloster darfst du nie mehr weichen, sonst gibt's keine Garantie für dein Leben.‹

Dann hat ma mich in den Baderaum, ins ›lavacrum‹ verbracht, um mir die Haar vom Kopf zu scheren. Doch i hob gschrian, hob mi losgrissen. Auf immer und ewig eigsperrt, niemals! I bin einfach losgrennt, in den See nei, immer weider, bis mir as Wasser überm Kopf zammgeschlagn ist. Und im Untergeh is mir wirklich eine Hex erschienen, die Wallberghex, und hat mir gsagt: ›Setz di nunter ans Spinnradl. Spinn und schau zua, wia si des Spinnradl draht. Ausharrn muaßt, abwartn, bis di oaner erlöst. Irgendwann werst wieder frei sei. Verlass di drauf!‹

Des is mei Gschicht. Die muaßt in dei Buach neischreibn, die Gschicht vom Rockadirl, Tochter der schönen Vev, ehrsame Jungfrau vom Schliersee, die am End doch noch eine Hex worn is – aber eine ganz liebe, oder?«

5 UHR: FRÜHMORGENDLICHER ABSACKER

»So, jetzt hast du alles beinander, über die bayerischen Seeungeheuer und alles, was ma dafür hoit.«

Das Rockadirl streckt sich wie eine Katze beim Morgenyoga. Im Osten, über der Baumgartenschneid, hängt Eos ihr rosenfarbenes Betttuch auf. Die Nacht ist vorüber, der neue Tag kündigt sich an. Das war die letzte Geschichte, die sie mir in dieser Nacht erzählt hat. Sie kuschelt sich an mich, wirkt entspannt, von einer alten Last befreit.

»Jetz is mir wohl«, sagt das Rockadirl, dreht sich ein und schließt ihre tiefgrünen Augen.

Die erste Sonnenwärme spendet unseren übernächtigten Körpern wohltuende Behaglichkeit.

AM MORGEN DANACH ...

Mir werden die Lider schwer, irgendwie muss ich eingenickt sein, ein morgendlicher Übermüdungsschlaf ist über mich gekommen. Ein Sonnenstrahl kitzelt mich wieder wach.

Als ich die Augen öffne, ist meine Begleiterin verschwunden. Ich drehe mich um, aber sie ist nirgendwo mehr zu sehen, einfach weg. Ich richte mich auf, vom Steg führt eine blasige Spur auf das Wasser hinaus, eine kleine Wellenlinie bewegt sich trapezförmig von einem Punkt in der Seemitte aus ans Ufer.

Zu meinen Füßen liegt das unscheinbare Fischpergament, auf dem meine Scheherazade heute Nacht die wundersamsten Wesen und Bilder erschienen ließ. Da liegt es, ausgebleicht und lumpengrau und nichts ist darauf zu sehen.

Habe ich alles nur geträumt? Ich bin mir nicht sicher, muss wach werden. Was jetzt hilft, ist ein Bad, zügig hinausschwimmen, am besten da, wo das kalte Wasser vom Bergbach in den See mündet.

Nach dieser göttlichen Erfrischung packe ich alles zusammen, die leeren Flaschen will ich auch noch zurücktragen. Der Steg zurück zum Uferweg liegt friedlich in der Morgensonne. Ich schultere mein Radl, trage es über die Holzbohlen zurück. Ohne den Nebel vom letzten Abend wirkt alles ganz normal, besonnt, idyllisch, kein bisschen unheimlich.

Jetzt ist ein Katerfrühstück mit einer »Reparaturhalben« im Bräuhaus angesagt. Dann heimradeln, damit der Kreislauf wieder in Schwung kommt. Vielleicht dazwischen ein seliger Schlaf, gebettet auf weiches Moos an einem duftenden Waldrand.

Bis heute Abend muss ich wieder fit sein, muss ja noch alles aufschreiben, solang die Erinnerung noch frisch ist. Die Erinnerung an diese Geschichten, die das Rockadirl mir erzählt hat, diese sagenhaften Erzählungen von den bayerischen Seeungeheuern.

Auch über die Schönheit und Tragik der Liebe müsste man etwas schreiben, natürlich, doch das wird ein ganz eigenes Buch.

Da wird er Augen machen, der Herr Verleger, angesichts der Fülle des Materials, der Waller, Seeschlangen, Wildfrauen, Drachen, Despoten, Lustschiffe, Nixen und Nager, die unsere Seen bewohnen. Einige Wochen Schreibarbeit, dann werde ich ihm das Manuskript vorlegen, im »Lindwurmstüberl«, da wird er schauen!

Von meiner nächtlichen Fantasiereise ist mir nur das Pergament geblieben. Als ich es vorsichtig in Zeitungspapier einrollen will, um es auf dem Gepäckträger zu befestigen, erscheint darauf plötzlich eine Schrift, mit Geheimtinte geschrieben, vielleicht durch die Trocknung sichtbar geworden, ein Gedicht oder ein Liedtext, eine letzte Erinnerung an diese ungewöhnliche Sommernacht am See.

LIED VOM ROCKADIRL

Wenn da Mond am Stümpfling steht,
Und da warme Südwind weht,
Wenn da Kater grausig schreit,
Schleichan si die Mannaleit
Hoamlich weg aus Bett und Haus,
Versteckan si am Ufer draus.
Wenn da Woidkauz dreimal ruft,
Liegn sie zwischen Schilf und Busch.
Weil wenn des ois zammakimmt,
Passiert's, dass sie im See drin schwimmt.

Rockadirl Rockadirl,
Zoag di her zoag di mir!
Rockadirl Rockadirl,
Lass mi zu dir.

's Rockadirl wie Blut und Schnee,
Schwimmt nackert drin im Tegernsee.
Im Mondenlicht am Uferrand
Schimmert blütenweiß ihr Gwand.
Doch wenn ein Mann ganz ungeniert
Mit seiner Hand des Gwand berührt
Schreit er gleich auf vor Schmerz und Qual
Und kriegt ein rotes Feuermal.
Dann lacht das Rockadirl laut auf
Und schaut ins weiße Mondlicht nauf.

Rockadirl Rockadirl,
Zoag di her zoag di mir!
Rockadirl Rockadirl,
Lass mi zu dir.

Doch wer zu ihr ins Wasser springt
Und ihrem weißen Leib nachschwimmt,
Dem wiegt das Wasser hundert Pfund
Und Schlingpflanzen ziang ihn zum Grund.

Und wer ihr mit dem Boot nachsetzt,
Dem werd as Ruader glei verhext.
Da Kahn kippt um und schwimmt im Kreis
Und's Rockadirl, die leucht so weiß.
's Rockadirl, so weiß wie Schnee,
Schwimmt nackert nachts im Tegernsee.

Seefundstücke

Der Schwedenbrunnen am Alpsee und die Schwedeninsel im Ammersee

Zur Zeit des Dreißigjährigen Kriegs haben die Schweden arg gewütet. Horden von Soldaten zogen übers Land, plündernd, brennend und mordend. Doch manchmal gelang es den Bewohnern, die Soldaten mit List oder mit mutigen Taten in die Flucht zu jagen.

Am Alpsee stieß eine Abteilung des kaiserlichen Heeres auf einen schwedischen Trupp. Es war Winter und der See war zugefroren. Die Schweden wurden durch eine List übers Eis geführt, das Eis brach ein, und vierzehn Reiter und ihre Rösser gingen unter. Man nennt die Stelle, wo die Schweden in den See hineingelockt wurden, heute noch den Schwedenbrunnen. Die eroberten Fähnlein sind in der Lorettokirche in Bühl aufbewahrt zum ewigen Andenken.

Auch als die Schweden gegen Dießen am Ammersee angerückt kamen, flüchteten viele in das unzugängliche Moorgebiet der Ammermündung. Kirchenschätze wie Monstranzen, Kelche und sonstige Goldsachen, aber auch die persönlichen Wertgegenstände versteckten und vergruben die Dießener auf der Insel Erlaich, die vor der Ammermündung liegt. Seitdem heißt die Insel »Schwedeninsel«. Der frühere Name Erlaich taucht noch als Flurname auf amtlichen Karten auf.

Der feurige Fischer am Bodensee[22]

Früher sah man auf dem Bodensee zur Nachtzeit zuweilen einen feurigen Mann, den man nur den feurigen Fischer nannte. Der lief auf der ganzen Fläche des Sees umher und neckte die Fischer, welche bei Nacht fuhren, und setzte das oft so lange fort, bis sie ihm ein Band oder ein gewobenes Seil zuwarfen und ihm zuriefen: »Fischer, hier hast du ein Bändel!« Dann kam er sogleich ans Schiff und nahm das Bändel oder Seil und zündete es an und manchmal soll er gesagt haben: »Solang dies Bändel brennt, solang darf ich ruhen von meinen höllischen Qualen.« Man hat ihn an allen Orten, die am Bodensee liegen, schon gesehen. Da geschah es dann wohl, dass die Spinnerinnen, die den feurigen Fischer auf dem See erblickten,

[22] Quelle: Johannes Wilhelm Wolf, Erster Band der *Zeitschrift für deutsche Mythologie und Sittenkunde*, Göttingen 1853, S. 439 f.

ihm zuweilen einen lang und dick gesponnenen Faden zum Fenster hinaushielten und ihm zuriefen. Augenblicklich stand er hinter dem Fenster und nahm den Faden und wenn jener recht lang war, schlug er ein helles Freudengelächter auf und begab sich wieder auf den See und zündete den Faden an.

Der Schwamm im Staffelsee

Im Staffelsee wurde 2002 ein mannshoher Süßwasserschwamm entdeckt.[23] Es gibt ihn heute noch – und mit ihm lauter kleine, neue Schwämmchen. Der Schwamm war an den Überresten der Holzpfosten des ehemaligen Stegs zwischen Halbinsel Burg und der Insel Wörth von Mitarbeitern des Bezirks Oberbayern gesichtet worden. Das Besondere am Fund: Einen größeren als die üblichen Minisüßwasserschwämme von maximal bis zu 20 Zentimetern Größe hatte man bis dahin nur im russischen Baikalsee entdeckt, mit einem Durchmesser von rund einem Meter, in einer Tiefe von 40 Metern. Der im Staffelsee ist mannshoch – und damit nicht nur selten, sondern einzigartig. In salzwasserhaltigen Meeren kommen Schwammtierarten zu Tausenden vor. Im Süßwasser sind nur sechs Arten bekannt.

Nach dem Fund wurde gerätselt, wie und warum der Schwamm dort eine solche Größe erreichen konnte. Die Erklärung lautete, dass er an den dortigen Holzpfählen einen sehr günstigen Standort gefunden hatte. »Offensichtlich liebt er das moorige, weiche Wasser des Staffelsees, das alte Holz und die Fähigkeit der Stämme, den Strömungen des Sees sanft nachzugeben«, lautete die Erklärung.

Der gute Schwamm hat im Staffelsee also wieder seine Ruhe und kann sich dort nach Lust und Laune fortpflanzen. Was er auch tut. Überall im See sind mittlerweile kleine Schwämme dieser Art zu finden, ob an Schilf, Holz oder Metall. Aber eben nur kleine. Ein in Alkohol eingelegtes Stück dieses Schwammes kann bei einer Schifffahrt auf der »MS Seehausen« besichtigt werden.

Ob es zwischen dem Staffelsee und dem Baikalsee eine unterirdische Verbindung gibt, auf der dieser Schwamm eingewandert ist, kann nicht gänzlich ausgeschlossen werden.

[23] Quelle: *Münchner Merkur*, 22.11.2012.

Weitere Bücher in der Reihe

Karl-Heinz Hummel:

Wirtshaussagen zwischen Alpen und Donau

Dass ein Wirtshaus nicht nur ein Ort zum Ausschank meist alkoholhaltiger Getränke und zur Abgabe mehr oder weniger gut zubereiteter Speisen ist, sondern auch der Platz, wo Sagen, Geschichten, Lieder und Gedichte eine Heimat haben, wird in diesem Band eindrücklich klar. Unheimliche Gestalten, seltsame Truden, schaurige Hexen auf Ofenbänken, Geschichten über Mord und Totschlag, Geister und Gespenster, Untote und Teufelstänze – schaurig-schön gehts zu im Wirtshaus von München bis Brixen, vom Bayerischen Wald bis nach Wien.

Eine berauschende Sagensammlung rund um die Wirtshauskultur zwischen Alpen und Donau, zusammengestellt von Ernst-Hoferichter-Preisträger Karl-Heinz Hummel und illustriert von Bernd Wiedemann – ein grandios-skurriles Leseerlebnis.

152 S., Paperback, ISBN 978-3-96233-103-0

Karl-Heinz Hummel:
Raunachtssagen aus Bayern und Tirol

Die dunklen und geheimnisvollen Raunächte haben seit jeher den Glauben an Übernatürliches und Gespenster beflügelt. Grausig-gruselige Gestalten sind es, die in diesen besonderen Nächten in der Zeit um den Jahreswechsel erscheinen: der Boandlkramer, der Teufel und der Herrgott persönlich, sprechende Tiere, kauzige Bergkobolde, Krampusse und wahrhaftige Salige Frauen. Die alpenländischen Geschichten und Mythen lassen erschaudern, doch es fehlt auch nicht am augenzwinkernden Humor und einem Blick aus heutiger Sicht auf archaische Bräuche und Rituale.

Alte und neue Raunachtssagen aus Bayern und Tirol, zusammengestellt von Autor und Ernst-Hoferichter-Preisträger Karl-Heinz Hummel und illustriert von Bernd Wiedemann – ein schaurig-schönes Leseerlebnis.

136 S., Paperback, ISBN 978-3-96233-136-8